JN069082

保育リーダーシップ評価スケール

PAS ●よりよい園運営のために

テリ N. タラン+ジル M. ベラ+ポーラ ジョルデ ブルーム［著］
Teri N. Talan + Jill M. Bella + Paula Jorde Bloom

埋橋玲子［監訳］
Uzuhashi Reiko

鈴木健史+岩渕善美+亀山秀郎+岡部祐輝+髙根栄美［訳］

Program Administration Scale® (PAS); Measuring Whole Leadership in Early Childhood Centers

Third Edition

法律文化社

Program Administration Scale® (PAS), Third Edition
By
Teri N. Talan + Jill M. Bella + Paula Jorde Bloom

はじめに

　『保育リーダーシップ評価スケール PAS（原題 *Program Administration Scale; Measuring Whole Leadership in Early Childhood Centers - Third edition* = PAS, 2022, Teachers College Press)』は、大阪総合保育大学総合保育研究所の〈保育環境評価スケールプロジェクト〉2023年度の活動の成果物です。

　昨今、幼児教育・保育施設が提供する保育の質が、かつてないほど問われています。保育の質はともすれば、直接子どもに関わる「保育者のありよう」に期待されがちです。保育者の「資質向上」が求められますが、その資質の発揮は働く環境、すなわち施設や設備が整っているか、よい同僚がいるか、研修を受けてその成果を発揮できるか、待遇も含めて働きやすい条件か、などの条件整備の程度に大きく依存します。この条件整備は、施設の長のリーダーシップにかかっているといっても過言ではないでしょう。

　当プロジェクトでは施設の長／園長のリーダーシップに注目し、「評価」の先達であるアメリカで利用されている PAS の翻訳を敢行しました。監訳にあたった埋橋はすでに、『保育環境評価スケール①幼児版（原題 *Early Childhood Environment Rating Scale-Revised Edition*、通称 ECERS-R)』(2004年、法律文化社）をはじめとし、共訳も含め『保育環境評価スケール』を数冊翻訳しています。「質」という抽象的な概念（見えないもの）を具体的な事象（見えるもの）に落とし込み、その事象の有無を判断し、一定のルールに従って数値化することを営々と続けてきました。近年は日本でもスケールを用いた（現在は ECERS-3）大規模な調査研究が発表されています。

　海外のものは日本と文化・社会慣習が異なるから参考にならないでしょうか。思い込みで決めつけないで、何がどの程度異なるのか、日本の文化・慣習と比較する作業が大切です。時には、こういう見方ややり方があるのか、と参考になることもあるでしょう。比べることで日本の文化や慣習の良さや改善すべきところも見えてくるでしょう。とはいえ、すべての項目や指標を日本に当てはめてみることには、やはり無理があります。日本と事情が違うことはその意味を考え、自園や地域の状況に応じて取捨選択しての活用、調査での利用を望みます。

　プロジェクトの進行をサポートし、出版の機会を与えてくださった、大阪総合保育大学に心より感謝申し上げます。短い期間での発行にご尽力くださいました法律文化社編集部の畑光様、ありがとうございました。そして月２回というハードな研究会を重ねて発行にこぎ着けることができたのは、ひとえにプロジェクトのメンバーの熱意とパワーの賜物であることを申し上げます。

2023年11月

大阪総合保育大学総合保育研究所
保育環境評価スケールプロジェクト代表
埋 橋 玲 子

謝　辞

2004年のPAS（= *Program Administration Scale* プログラム管理運営スケール）初版発行以来、私たちは米国、カナダ、中国、シンガポールの何千人もの幼児教育・保育施設の運営者、幼児教育・保育の専門家、政策立案者と協力する機会に恵まれてきました。その中には、アセッサー信頼性トレーニング集中コースに参加し、認定PASアセッサーになり、研究や保育の質の向上の取り組みのためのデータを収集できるようになった方々がいます。各トレーニングの場で的確な質問や洞察力に富んだコメントを頂戴し、大変感謝しております。トレーニング参加者全員に感謝の意を表し、PAS第3版に対する皆様のご尽力に感謝します。

PASのきっかけは、マコーミック財団の専門能力開発イニシアチブの一環としての、集団保育の質を評価する作業です。この経験により、私たちは、幼児教育・保育施設運営の質を測定する有効で信頼できる手段の必要性を痛感しました。W. クレメント財団およびジェシー V. ストーン財団は、PASの信頼性と有効性の初期研究へ資金を提供してくれました。私たちは、両財団の幼児教育・保育施設運営の質を向上させる継続的な取り組みに対し、深く感謝しています。

PASの開発に貢献した、この分野の専門家から得た洞察にも感謝しています。Kay Albrecht、Bee Jay Ciszek、Doug Clark、Dick Clifford、Debby Cryer、Eileen Eisenberg、Jana Fleming、Lois Gamble、John Gunnarson、Thelma Harms、Judy Harris Helm、Kendra Kett、Stacy Kim、Jackie Legg、Sam Meisels 、Anne Mitchell、Gwen Morgan、Kathie Raiborn、Susan Sponheimer、Marilyn Sprague-Smith、Lana Weiner に心からの感謝を捧げます。また、Stacie Goffin、Linda Espinosa、Barbara Smith のリーダーシップの下、全米乳幼児教育協会（NAEYC）プログラム管理基準技術レビューチームとの議論からも恩恵を受けました。

PASについて初期の信頼性と妥当性の研究に携わった研究チームの皆さん —— Linda Butkovich、Lisa Downey、Shirley Flath、Kathryn Hardy、Karen May、Gale Reinitz、Sara Starbuck、および Cass Wolfe ——にも感謝の意を表します。イリノイ保育資源・紹介機関ネットワーク（INCCRRA）とメトロポリタン・シカゴ情報センター（MCIC）のスタッフは、最初の信頼性調査のためのサンプル選択プロセスにおいて特に助けになりました。

また、このPAS第3版作成にあたり、信頼性と妥当性について、31州とコロンビア特別区で調査にあたった認定PASアセッサーに心から感謝の意を表します。お名前は挙げられませんが、その方々の多大な貢献がなければ、最新版の作成はできませんでした。

Robyn Kelton から受けた統計上のサポートに非常に感謝しています。全国サンプルからのデータのコーディングと分析に対する彼女の支援により、私たちはかなりの時間を節約できました。最終文書のレイアウトを担当した Lindsey Engelhardt と、注意深く厳しく内容を校正してくれた Linda Butkovich にも同様に感謝します。

光栄にも、Teachers College Press の編集者および制作チームと仕事ができました。私たちの集中力を維持し、作成の全工程を進めてくれた Sarah Biondello に深く感謝します。

最後に、マコーミック幼児リーダーシップセンターの PAS レビューチームのメンバー、Linda Butkovich、Robyn Kelton、Shuntae Richardson、Paula Steffen に特別の謝意を表します。現場からの質問への対応、現場で利用するユーザーへのサポート、PAS 認証システムの監督における彼らのたゆまぬ努力が、この第 3 版の改訂の基礎となりました。PAS の微妙な違いに関する彼らの専門知識は、私たちの仕事にとって非常に貴重なものです。

（2022、著者による）

著者について

テリ N. タラン

　イリノイ州シカゴのナショナル・ルイス大学、マコーミック保育リーダーシップセンター、マイケル W. ルイス委員長兼上級政策顧問。ナショナル・ルイス大学幼児教育教授。公共政策部門でセンターを代表し、幼児教育・保育と施設運営について地方、州、国の政策立案者による行動を促している。マコーミックセンターの季刊研究誌の編集者でもある。全米幼児教育協会（NAEYC）の認証システムの常務取締役の経験がある。

　ノースウェスタン大学で法律の学位を取得し、ナショナル・ルイス大学で成人・継続教育の博士号、保育リーダーシップおよび権利擁護の修士号を取得した。研究対象は、保育リーダーシップ、保育人材開発、組織統合、および保育の質評価である。

　他の共著書など；BAS（=the Business Administration Scale for Family Child Care 家庭的保育管理運営評価スケール）、BAS スペイン語版、*Building on Whole Leadership*、報告書 *Who's Caring for Kids? The Status of the Early Childhood Workforce in Illinois and Closing Gap*（『誰が子どものケアを担うか？　イリノイ州の保育労働力供給の現状と問題の解決』）。

ジル M. ベラ

　地方自治体や州で、保育リーダーシップのコンサルティングとトレーニングを行っている。ナショナル・ルイス大学で成人・継続教育の博士号を取得し、イリノイ大学アーバナシャンペーン校で特殊教育・早期介入の修士号と、児童発達の学士号を取得した。

　マコーミック保育リーダーシップセンターで専門的研修部局長および助教授として勤務当時は、保育リーダーシップのコンサルティング、複数の評価ツール実施の監督、トレーニングの企画・実行を行った。また、早期介入の専門家、トレーニング専門家、幼児教育の教師の経験がある。組織風土、保育労働力、組織作り、保育リーダーシップに関心を持っている。

　他の共著書など；BAS、*A Great Place to work*、*Building on Whole Leadership*、*Inspiring Peak Performance*、Zoom 講習；保育リーダーシップトレーニングが役割認識・仕事のパフォーマ

ンス・キャリアの意思決定に及ぼす影響について、Director's Toolbox Management シリーズ中の
トレーナーの手引き数冊。

ポーラ・ジョルデ・ブルーム（2018年没）

マコーミック保育リーダーシップセンター創設者兼初代事務局長、ナショナル・ルイス大学幼児
教育名誉教授。

保育リーダーシップと施設運営に関する国内有数の専門家の1人として、州、国内、国際会議で
数多く基調講演を行い、専門組織や州機関のコンサルタントでもあった。スタンフォード大学で博
士号を取得し、多くの雑誌記事や広く読まれている書籍を執筆した。

著作：*Avoiding Burnout*、*Blueprint for Action*、*Circle of Influence*、*Making the Most of
Meeting*、*Workshop Essentials*、*Measuring Work Attitudes*、*From the Inside Out*、*Leadership in
Action.*

ECWES（=*Early Childhood Work Environment Survey* 保育労働環境調査）と ECJSS（=*Early
Childhood Job Satisfaction Survey* 保育職満足度調査）を作成した。PAS 初版・第2版の著者の1人であ
り、第3版にも影響を与えている。

PAS 第3版 序文

　PAS 第2版発行後の10年間で、保育リーダーシップの重要性を強調する多くの研究がなされました[a]。行政慣行を測定、監視、改善するための信頼できるツールとして PAS の有用性を強調する実証研究[b]も行われています（詳細は pp. 75-78文献欄参照）。

　　　a: Abel, Talan, & Masterson, 2017; Aubrey, Godfrey, & Harris, 2012; Bassok, Bellows, Markowitz, & Sadowski, 2021; Bloom &, 2015; Bloom, Hentschel, & Bella, 2013; Caven, Khanani, Zhang, & Parker, 2021; Dennis & O'Connor, 2013; Douglass, 2017; Douglass, 2018; Gittell, 2016; Hewett & La Paro, 2020; Hujala et al., 2016; Institute of Medicine & National Research Council, 2015; Kangas, Venninen, & Ojala, 2015; King et al, 2015; Kirby et al., 2021; McCormick Center for Early Childhood Leadership, 2021; Minkos et. al., 2017; Whalen, Horsley, Parkinson, & Pacchiano, 2016; Zeng, Douglass, Lee, & Del Vecchio, 2020; Zinsser, Denham, Curby, & Chazan-Cohen, 2016

　　　b: Arend, 2010; Bloom & Talan, 2006; Derrick-Mills et al., 2016; Doherty, Ferguson, Ressler, & Lomotey, 2015; Etters & Capizzano, 2016; Kagan et al., 2008; MCECL, 2010; McKelvey et al., 2010; Mietlicki, 2010; Miller & Bogatova, 2007; Rous et al., 2008; Talan, Bloom, & Kelton, 2014; Yaya-Bryson, Scott-Little, Akman, & Cassidy, 2020

　同時に、PAS は、州の QRIS*、および NAEYC*による認証の準備段階の自己学習プロセスにおいて有用なツールであることが明らかになってきました（Means & Pepper, 2010; Stephens, 2009）。各指標の内容は幼児教育・保育施設の施設長が管理・運営の質を向上させていくにあたり、参照できる目安となっています。

　　【＊訳注：QRIS = Quality Rating and Improvement System　保育の質の測定と向上システム
　　　　　　　NAEYC=National Association for the Education of Young Children　全米乳幼児教育協会】

　これまでの研究のレビューでは第2版の大幅な改訂の必要性は認められませんでしたが、幼児教育・保育の分野に影響を与える最近の2つの社会的動向に緊急に対応する必要がありました。1つ目は公平性と社会正義を考慮することであり、2つ目は、幼児教育・保育の分野に限らず、米国経済全体を脅かす労働力の危機です。PAS 指標の文言は、人種的公平性と社会正義的展望から見直され、改訂が行われました。労働力の危機により、運営主体や子どもの年齢に関係なく、類似する資格に対しては報酬を平等にする運営上のリーダーシップの必要性が高まっています。保育者の指導性を高め、キャリア開発を促し、振り返り・計画・同僚との学び合いの時間を担保するようなサポートは、質の高い保育を牽引するリーダーシップの重要な要素です。

　PAS 第3版によりスケールの信頼性と妥当性を裏付ける最新情報が共有されることとなります。PAS は2004年の初版発行以来、常に「構築中」の状態といえます。PAS を使った人々は管理運営の質の指標について鋭い質問をし、PAS の各項目について洞察力に富んだコメントをしました。その人々は、PAS が幼児教育・保育の多様な状況において管理運営についてどのように測定し、質を向上させていくかについて明らかにしていきました。全国各地で幼児教育・保育のさまざまな部門に属している実践者でもあるその人々は、自施設の自己改善、調査研究、トレーニング、大学での指導、認証のファシリテーション、保育の質の監視、メンタリング、コーチング、組織的

コンサルティング、および政策立案に PAS を使用してきました。広範囲にわたる関係者からのフィードバックに基づいて、園のあり方が多様である状況のもとに、その管理運営の質を測定する PAS の信頼性を高めるために、多くの注釈が追加されました。

　注釈の追記はネット上でも入手できますが、まずは PAS 信頼性トレーニングに参加する人に伝えられます。それらの追記は第 3 版に組み込まれました。それにより、自己評価に PAS を使用する施設長だけでなく、調査研修のために信頼度を高く PAS が使えるように訓練を受ける人、保育の質を監督する立場の人、そして保育の指導にあたる人も、より正確に PAS を使用できるようになるでしょう。

　PAS 第 3 版では、幼児教育・保育の場の変化を反映し、管理運営の質について新たな根拠に基づいた情報を組み込みました。その結果、以下のような改良が加えられました。

- PAS は、管理運営の全体的なリーダーシップを、本質的なリーダーシップ、教育上のリーダーシップ、管理上のリーダーシップの 3 つの領域で測定します。
- 全体的なリーダーシップがより適切に表現できるように、サブスケールと項目を再構成しました。
- 全体的なリーダーシップの 3 つの領域については〈項目22 園（施設）長〉で取り上げています。
- 園のクラス数に応じ保育者の指導性が最大限に発揮できる人員配置を行う、しっかりとした管理運営が、質の要素として認識されています。
- 包摂性、公平性、文化的および言語的多様性を実現させるリーダーシップをより重視しています。
- 意思決定を共有し、リーダーシップを分散する仕組みに新たな焦点が当てられています。
- 情報セキュリティの促進に注目しています。
- 保育の質の継続的な向上につながるさまざまな実践を、保育室と組織全体の両方で評価します。

　上記のほか、改訂にあたっては指標を再構成したり、注釈を修正したりしました。

保育リーダーシップ評価スケール PAS

保育リーダーシップ評価スケール PAS の概要

◆理論的根拠

『保育リーダーシップ評価スケール』(以下、PAS)の起源は、保育の質は保育室での遊びや学びの環境だけではなく、より広い視点で見られるべきであるという専門家の合意の高まりにあります。組織レベルで質の高い仕組みが整っていないと、保育室レベルで質の高い相互関係や遊びと学びの環境を維持することはできません。保育者と子どもの相互作用や指導実践の質を測定する手段はいくつかありましたが、PAS が開発されるまでは、幼児教育・保育施設の管理運営のみを測定する手段はありませんでした。

PAS では、25の項目が9つのサブスケールの下に分類され、集団保育の場での全体的なリーダーシップ機能を測定します。全体的なリーダーシップには、多くの分野で実証されている集団のリーダーシップの広範な視点が含まれており、次の3つの領域で編成されています。

- **本質的なリーダーシップ**：　個人のリーダーシップ行動で表現される、人々を率いるために必要な基礎的な能力を指します。本質的なリーダーシップは、多くの場合、内省的な実践を通じて培われ、文化的有能性や人間関係におけるリーダーシップが含まれます。
- **教育上のリーダーシップ**：　子どもとの質の高い交流を確保することに重点を置き、教育・保育の技術と科学を促進することを指します。教育上のリーダーシップには、カリキュラム哲学への忠実さ、子どもの発達と学びの評価、評価のためのデータの使用、学びの環境の最適化も含まれます。
- **管理上のリーダーシップ**：　組織の安定と成長に必要な能力を指します。管理上のリーダーシップの実践には、組織作り、中長期計画、運営全体を見通すこと、権利擁護、地域や諸団体との協力が含まれます。

ナショナル・ルイス大学のマコーミック保育リーダーシップセンターは、一貫性のない州の基準や政策によって曖昧になりがちな、幼児教育・保育分野の施設長にとって重要なリーダーシップを明確にするために、全体的なリーダーシップの枠組みを開発しました（Abel, Talan & Masterson, 2017）。

PAS は、幼児教育・保育分野の施設長、研究者、査察担当者、質の向上のファシリテーター向けに設計されており、既に広く使われている ECERS（＝*Early Childhood Environment Rating Scale*, Harms, Clifford & Cryer）【訳注：邦訳『新・保育環境評価スケール①3歳以上』（埋橋玲子訳、法律文化社）】を補完するように構築されました。PAS と ECERS はどちらも7段階で保育の質を測定し、保育の改善への取り組みを導く手立てとなります。これらのツールを組み合わせて使用すると、保育室での効果的な実践に焦点を当てるとともに、組織の観点から保育の質を広範囲に把握することができます（Kagan, et al., 2008; McKelvey, et al., 2010）。

◆多目的使用

PAS は、各園での自己改善、保育指導とモニタリング、トレーニング、研究と評価、情報提供など、多様な目的に使用されます。ヘッドスタートや州が助成するプレ K【訳注：Kindergarten（幼稚園）が5歳児対象で、プレKは3・4歳児対象】を含み、PAS は集団保育を対象としています。

- 自己改善：指標は客観的であり、〈不適切〉から〈とてもよい〉までを1〜7点と数値で表せるため、園（施設、以下略）長は園の目標を簡潔に設定して、園の管理運営を段階的に改善できます。結果のプロフィールは、時間をかけて目標を達成していく手がかりとなります。
- 保育指導とモニタリング：自治体、あるいは州のQRISの一環として、PASは便利な保育指導とモニタリングのツールであり、子どもや保護者に質の高い幼児教育・保育を提供するために、組織の実践を段階的に改善していく明確なガイドラインを提供します。
- トレーニング：園長の就任前・就任後のいずれにあっても、PASは園の多岐にわたる実践の概要を示し、全体的なリーダーシップの発揮を強調し、園の保育の質を形作る上で園長が果たす役割の重要性を強化します。
- 研究と評価：保育の質的向上のための研究や、公的資金によるQRISの場合、PASを使用して、園の保育の質の現在のレベルと、評価の前後における変化を説明できます。
- 情報提供：PASは具体的に書かれているので、リーダーシップの実践とは何かがよくわかり、人々に情報を提供するのに役立ちます。質の高い幼児教育・保育には何が必要かを伝えるにあたり、管理職、政策立案者、認可業務担当者、保護者、アドバイザーなどを広く対象とします。

◆サブスケール・項目・指標

　PASは9つのサブスケール（下位尺度）に分類された25の各項目につき7段階で質を測定します。最初の23項目はすべての園に適用します。最後の2つ〈項目24 クラス担任〉〈項目25 補助〉は、人員配置により無回答となる場合があり、オプションの項目です。各項目は、1点〈不適切〉から7点〈とてもよい〉まで4つのレベルがあり、各レベルは2〜5個の指標で構成されています。以下のルールに従って、1〜7点で評点をつけます。

以下は、サブスケールの説明です。

1．**人的資源**では、採用手続きとオリエンテーションの要素、パフォーマンス評価の基準とプロセス、専門能力開発のサポートを評価します。
2．**人件費と配分**では、組織に給与についての規定と年次昇給があるかどうか、福利厚生の種類と利用可能性、保育者と子どもの比率が担保されたクラス編成になっているかどうか、保育者の研修が勤務の一部であるか、勤務時間中に保育から離れて計画や準備の時間があるか、および人員配置を見ます。
3．**オペレーション**では、施設の日常的なメンテナンス、職員のニーズを満たす空間の適切さ、リスク管理計画の有無とその内容、広報ツール、セキュリティ対策が考慮されます。
4．**子どものアセスメント**では、障がいのある子どもを特別に支援するためのスクリーニング手順、専門家との連携を促進する実践、子どもの学びと発達の把握、支援計画に反映の有無を検討します。
5．**財務管理**では、年次予算計画プロセスへの園長の関与、項目の内訳、給与やその他の経費が適切に支払われているかどうか、会計チェックとバランスが整備されているかどうか、標準的な会計手順が遵守されているかどうかを見ます。
6．**組織の成長と発展**では、園がミッションやビジョンを書面で明示しているか、中長期計画に取り組んでいるか、保育および全体的な組織の質を測定するツールを使用しているかどうか、そして評価とフィードバックに基づいて意思決定を行っているかどうかを評価します。
7．**家庭・地域とのパートナーシップ**では、保護者へのオリエンテーションや懇談について、保護者とのコミュニケーションの種類と頻度、保護者に提供される支援、園の行事、日課、園の運営に保護者

がどの程度関与するかについて見ていきます。また園が地域社会のニーズにどの程度対応しているか、保育専門組織や地元の市民団体等への職員の関与などについて検討します。

8．関係づくりのリーダーシップでは、職員会議の構成要素、全体的なリーダーシップの実践、職員が個人的な偏見を振り返り専門的な実践を見直す機会、争いごとの解決のサポートを評価します。

9．職員の資格等では、園長および保育職員の一般教育、専門教育、職務経験のレベルを見ます。

◆参考：用語の定義【原著、米国の事情に基づく】

原著では以下の定義に基づき、用語を使用しています。【注：スケール本文では適宜意訳しています。】

管理職　Administrative staff：園の管理運営に携わる立場で、通常は監督の役割を担う。ディレクター、アシスタントディレクター、またはコーディネーターなど。

園（施設）長　Administrator：幼児教育・保育の計画、実施、評価に主な責任を持つ個人。1園に4つ以上のクラスがある場合、または、フルタイム保育相当の子どもの合計在籍者数が60名以上の場合は、管理者を配置する必要があります。管理者の役割名はさまざまで、ディレクター、マネージャー、コーディネーター、プリンシパルなど。

補助　Assistant Teacher/Aide：クラス主任やそれ以外の担任の監督下でクラスに入り、子どもの保育にあたる職員。

CDA：Child Development Associate®資格。【訳注：短期大学卒業程度】

センター　Center/Program：PASによる測定と分析の対象となる単位。

ECE/CD　Early Childhood education/child development：乳幼児教育／子どもの発達。

従業員／職員　Employees/Staff：管理職、保育職、その他の職員。

保護者　Family：親または監護者。

フルタイム　FTE, Full time equivalent：フルタイム相当。

リード・ティチャー　Lead Teacher：指導計画の立案、保護者会、子どものアセスメント、カリキュラム作成に責任を持つクラス主任。他のクラス担任を監督する。ヘッドティチャー、マスターティチャー、ティチャーなど。

Plan-do-Study-Act：計画の作成・計画の実施・成果と必要な変更の省察・次のPlan-do-Study-Actのサイクルのステップの決定（例：計画・実行・振り返りのサイクルを迅速に回す）。

sh　Semester hours：大学で単位を取得するにあたって学期の履修時間数。

その他の職員　Support Staff：管理職や保育職の仕事をサポートしたり、キッチン、送迎、事務、メンテナンスのスタッフなど。

保育者　Teacher：担任クラスの子どもの養護と教育に従事し、クラス主任と責任を共有する。

保育職　Teaching Staff：クラス主任、その他の担任、補助。

全体的リーダーシップの枠組み　Whole Leadership Framework：園（施設）長としてのリーダーシップに関する既に多くの分野で証明されている幅広い視点を網羅しており、本質的なリーダーシップ、管理上のリーダーシップ、教育上のリーダーシップの3つで構成される。全体的リーダーシップは、3つのリーダーシップの相互関係を反映している。

使用上の手引き

◆データ収集手順

【訳注：アセッサーが調査のためにデータを収集する方法について述べられています。自己評価等に用いる際は、参考にしてください。】

　保育リーダーシップ評価スケール PAS（以下、PAS）は、園（施設、以下略）長だけでなく、研究者、コンサルタント、評価スケールなどの訓練を受けたアセッサーが使用できるように設計されています。評定には、園長との面接に約 3 時間、文書の閲覧にさらに 3 時間が必要となります。訪問に先立ち、園長に PAS とレビュー用文書フォームのコピーを渡しておきましょう。このフォームはマコーミックセンターの Web サイト（McCormickCenter.nl.edu）で入手できます【注：英文のみ】。

　園に到着したら、最初に保護者や職員のために使われる部屋を含めて園全体を見学します。〈項目 7 施設管理〉〈項目 8　リスク管理〉〈項目 15 中長期計画〉の 3 つの項目の評定には施設見学が必要です。文書閲覧が必要な指標については、アセッサーは面接中の園長の発言に基づいて予備的な評価を記録しておきます。インタビュー後、文書を閲覧し、必要に応じて指標の評定を調整する必要があります。

◆評定とスコアリング

　PAS について以下 2 つの評定のルールを徹底することで、正確にプロフィールが把握され、異なる園であってもスコアによる比較ができるようになります。

- 全体的なリーダーシップの正確な描写には、評定が各項目の指標のみに基づいていることが重要です。一部の指標については、評価は園長の自己申告だけに基づきます（例：項目 2　スーパービジョンとパフォーマンス評価、指標 3.3）。ただしほとんどの指標では、園長が提供する情報の正確性を確認するために**文書資料を確認**したり、**事実を観察**したりする必要があります。これらについては**各指標の最後に 資**（文書資料）、または**観**（観察）がついています（例：項目 15 中長期計画、指標 7.2）。
- 評定は、過去の実践や将来の計画ではなく、既存および現在の方針と手順に基づいて行われなくてはなりません。評価日から過去 12 か月以内に行われた慣行は、現在のものとみなされます。

　PAS のスコアリングは次の手順で行います。

ステップ 1．項目 1～21 の指標の評定

　指標のスコアリングは以下のように行います。

- 各項目について、1 点〈不適切〉の指標から始め、＿＿＿のスペースに○（はい）または×（いいえ）を記入します。次の行に進み、7 点〈とてもよい〉まで進め、項目内のすべての指標が評定されるまで続けます。
- 「無回答可」の表示があるものだけ、該当すれば指標または項目全体に対して「無回答」と評定され、カウントの対象になりません。
- 各ページの空白スペースに各指標のメモまたは裏付けとなる証拠を記録します（例：基準を満たしている実践、観察事項）。
- 1 から 21 までの各項目のすべての指標をチェックし、確認後、なぜそのスコアになったかという理

由を「記」のスペースに記録します。

ステップ２．項目１〜21のスコアの決定

以下のルールに基づき、項目のスコアを決定します。

- **1点**：１点グループのいずれかの指標が
  ○（はい）の場合、スコアは１点です。
  １点グループのすべての指標が×（いい
  え）で、３点グループの指標の○（はい）
  が半分未満の場合にも、スコアは１点で
  す。
- **2点**：１点グループのすべての指標が×
  （いいえ）で、３点グループの指標の半
  分以上が○（はい）であれば、２点です。
- **3点**：１点グループのすべての指標が×
  （いいえ）、３点グループがすべて○（は
  い）であれば、３点です。
- **4点**：１点グループのすべての指標が×
  （いいえ）、３点グループがすべて○（は
  い）、５点グループの半分以上が○（は
  い）であれば、４点です。
- **5点**：１点グループのすべての指標が×
  （いいえ）、３点グループがすべて○（は
  い）、５点グループのすべてが○（はい）
  であれば、５点です。
- **6点**：１点グループのすべての指標が×

項目スコア（例）

（いいえ）、３点グループがすべて○（はい）、５点グループのすべてが○（はい）、７点グループの
半分以上が○（はい）であれば、６点です。
- **7点**：１点グループのすべての指標が×（いいえ）、３点グループがすべて○（はい）、５点グルー
  プのすべてが○（はい）、７点グループのすべてが○（はい）であれば、７点です。

各項目ページの下の枠内にある項目スコアを丸で囲みます。

ステップ３．項目22〜25のスコアの決定　【訳注：米国の状況に基づいた項目です】

園（施設）長の資格等ワークシート（p.53）に記入します。園長として指定されるのは１人だけです。
- この情報を使用して、〈項目22　園（施設）長〉の指標を評定します。
- ステップ１と２で指定された評定ルールに従ってください。

クラスごとに保育職員の資格等ワークシート（p.54）に記入します。必要に応じた枚数をコピーして
ください。
- スコアリングにあたっては、クラスにいる保育職員のうち、「クラス主任」がどの人であるかを確
  かめます。クラス主任は、最も高い専門性をもち当該クラスの保育の最終責任を担う個人を意味し
  ます。複数名が同じクラスで同様の責任を担っているならば、その中のリーダーをクラス主任とし

て位置付けてください。

- クラス主任以外の保育職員を「担任」とします
- クラス主任／担任の直接の監督下で働く職員を「補助」とします。
- 園やクラスによっては、上記のような担任／補助が置かれていない場合もあります。
- **保育職員の資格等ワークシートの情報を使用して、〈項目23 クラス主任〉、〈項目24 担任〉〈項目25 補助〉の指標を評定します。**
- 各職員の資格を個別に評価できるように、項目23・24・25のコピーを十分用意してください。
- ステップ1および2のルールに従って、職員の資格等の項目 23・24・25 を評定します。

保育職員の資格等全体ワークシート（p.55）の記入を完成させてください。

- 各保育職員の個別項目のスコアを**保育職員の資格等全体ワークシート**に転記します。
- 各クラスの「クラス主任」の資格について、項目23の平均スコアを計算します。
- この平均スコアの小数点第一位を四捨五入して整数とし、**PAS項目スコア一覧**（p.56）の項目23の欄に記入します。
- 各クラスの「担任」の資格について、項目24の平均スコアを計算します。このスコアの小数点第一位を四捨五入して整数とし、**PAS項目スコア一覧**の項目24の欄に記入します。
- 各クラスに割り当てられた「補助」の資格について、項目25の平均スコアを計算します。このスコアの小数点第一位を四捨五入して整数とし、**PAS項目スコア一覧**の項目25の欄に記入します。

ステップ4．合計PASスコアの生成

　合計PASスコアは項目スコアの合計です。合計PASスコアを計算するには、個々の項目スコアをp.56の**PAS項目スコア一覧**に転記します。スケール全体の項目スコアを合計します。

- 複数担任のクラスで、クラス主任以外の担任と補助の両方がいる場合、全部で25項目が評定されます。
- 複数担任のクラスで担任か補助のどちらかがいる場合、全部で24項目が評定されます。
- クラス担任が1人で、他の担任も補助もいない場合、全部で23項目が評定されます。
- 学童保育の場合は、項目11と12は無回答になります。（米国＊参考）【訳注：日本の学童保育（＝放課後児童クラブ）の状況にPASの適用は困難です。】

別表4　PAS項目スコア一覧（p.56）

ステップ5．平均PAS項目スコアの決定

　PAS項目スコア一覧を使用して、PAS項目平均スコアを計算します。これは、PAS全項目のスコアを合計して、評定された項目の数（最少21、評定項目数に応じて22〜25）で

割った値です。最小21は項目11、12、24、および25が無回答の場合です。【訳注：日本で使用する場合はサブスケール4の項目11・12、サブスケール9の22・23・24・25を無回答として全部で19項目の評定が想定されます。】

ステップ6．PAS全体プロフィールを作成する

　p.57のPAS全体プロフィールに個々の項目のスコアを点で打ちます。それから点を結びます。プロフィールの下部に、PAS項目スコアの合計、評定した項目数、およびPAS項目の平均スコアを記入します。

別表5　PAS全体プロフィール（p.57）

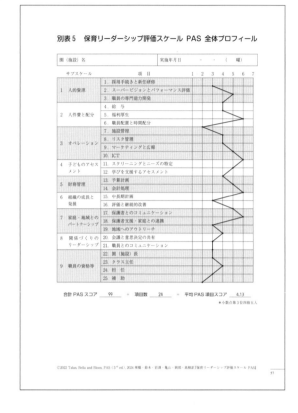

別表5　保育リーダーシップ評価スケール PAS 全体プロフィール

サブスケール	項目	1	2	3	4	5	6	7
1 人的資源	1. 採用手続きと新任研修							
	2. スーパービジョンとパフォーマンス評価							
	3. 職員の専門能力開発							
2 人件費と配分	4. 給　与							
	5. 福利厚生							
	6. 職員配置と時間配分							
3 オペレーション	7. 施設管理							
	8. リスク管理							
	9. マーケティングと広報							
	10. ICT							
4 子どものアセスメント	11. スクリーニングとニーズの特定							
	12. 学びを支援するアセスメント							
5 財務管理	13. 予算計画							
	14. 会計処理							
6 組織の成長と発展	15. 中長期計画							
	16. 評価と継続的改善							
7 家庭・地域とのパートナーシップ	17. 保護者とのコミュニケーション							
	18. 保護者支援・家庭との連携							
	19. 地域へのアウトリーチ							
8 関係づくりのリーダーシップ	20. 会議と意思決定の共有							
	21. 職員とのコミュニケーション							
9 職員の資格等	22. 園[施設]長							
	23. クラス主任							
	24. 担　任							
	25. 補　助							

合計PASスコア ___99___ ÷ 項目数 ___24___ ＝ 平均PAS項目スコア ___4.13___

＊小数点第3位四捨五入

保育リーダーシップ評価スケール PAS

サブスケールと項目

注記：保育リーダーシップ評価スケール PAS は米国で作成されており、当然ながら米国の状況に基づいています。とはいえ、米国特有ではなく普遍的なものであり、日本でもほとんどは使用できるものと考えて訳出しました。とはいえ中にはやはり日本とは明らかに状況が異なるものもあります。それについては網掛けとし、注記しています。調査や自己評価の際には適宜省略するか、明記のうえ日本の状況に置き換えてください。なお、翻訳の責は全て監訳者にあります。

項目 1　採用手続きと新任研修

《不適切1》

___1.1　採用手続きに、面接、職務内容の説明、その他2つの計4つの手順が含まれていない。a

___1.2　新任者のオリエンテーションがない。b

___1.3　新任者オリエンテーションについて決まった方針がない。c

2

《最低限3》

___3.1　採用手続きに、面接、職務内容の説明、その他2つの計4つの手順が含まれている。a圀

___3.2　新任者のオリエンテーションがあり、就業規則、職員ハンドブック（例：『心構え帳』『職員心得』）、および家族ハンドブック（例：『園のしおり』）が渡される。b圀

___3.3　新任者オリエンテーションについて決まった方針がある。bc圀

4

《よい5》

___5.1　採用手続きに、面接、職務内容の説明、その他4つの計6つの手順が含まれている。a圀

___5.2　新任者が着任した最初の週に、園長や上司が面接し、園の保育のミッション／ビジョン、職務責任権限、および職場の方針と業務の手順を確認し、話し合う。b圀

___5.3　新任者オリエンテーションの方針が、過去3年以内に見直されている。bc圀

___5.4　段階的オリエンテーションが、新任者の導入期間または試用期間中に実施される。bd圀

6

《とてもよい7》

___7.1　採用手続きに、面接、職務内容の説明、その他6つの計8つの手順が含まれている。a圀

___7.2　新任保育職員オリエンテーションには、担当業務に入る前に、該当クラスでの最低半日の観察実習が含まれる。b圀

___7.3　新任者オリエンテーションの方針が、毎年見直される。bc圀

___7.4　導入期間または試用期間の終了後、段階的オリエンテーションについて、新任者が書面で感想・評価をフィードバックする（伝える）。be圀

記：	ルールに基づいて算出された最終スコアを○で囲んでください。
	1　2　3　4　5　6　7
	1　採用手続きと新任研修

注　釈

【注記：網掛け部分は、米国の状況に基づいている。】

a　その他の手順として以下の**例**がある。
- □公正な採用選考の基本（厚生労働省）に準拠した面接質問。
- □面接者は報告の前に質問票にもれなく記入しておく。
- □面接者は、子どもと家族の多様性を反映している。
- □複数の資料（保育観察記録、ポートフォリオ、推薦状、研修記録、成績証明書、模擬保育）を参照する。
- □福利厚生の内容（例：健康保険、生命保険、休暇、疾病休暇、有給休暇、育児休暇、養育手当、退職金制度など）が伝えられる。
- □採用面接で、同じ立場（ポスト）の候補者には、事前に決められた同じ質問がされる。
- □保育職員および管理職のための専門的特典（例：専門組織所属の会費支給、他園訪問のための時間的援助、受講料の支給、学会またはワークショップ参加費用、専門能力開発／大学コースに参加するための有給休暇、専門雑誌の購読、資格取得などの費用、見習いプログラム）が伝えられる。
- □面接は2人以上で行う。
- □採用決定には2名以上が関与する。
- □その他（　　　　　　　　　　　）

b　*職員のオリエンテーションとは、雇用後に新任者がスムーズに幼児教育・保育の業務に入ってゆき、立場に応じた責任を果たせるようにサポートすることに焦点づけたプロセスである。*

c　オリエンテーションの方針は**幼児教育・保育**についてのものでなければならないが、法人全体に関しての内容を含めることもできる。
　オリエンテーションの方針には、次のものが**必要**である。
- □タイムスケジュール
- □アクティビティ（ワーク）の内容
- □担当者
- □新任者が必ず心得ておくべきこと（例：保育方針、虐待の報告）

d　*段階的オリエンテーションとは、一定の期間にわたって行われ、新任者の定着に役立てようとするものである。段階的オリエンテーションには、次のものが**必要**である。*

- □フェーズ1：職員への紹介、組織の規範や重要な情報の共有
- □フェーズ2：スキル構築、観察、フィードバック（観察したことを伝える）、サポート
- □フェーズ3：導入・導入期間終了後の目標設定

e　このフィードバックの目的は、今後の新任者の段階的オリエンテーションの方法や内容を改善することにある。

【訳注：参考】
厚生労働省ホームページ「公正な採用選考の基本」

項目 **2** スーパービジョン*とパフォーマンス*評価

〈不適切1〉

___1.1 スーパーバイザー*が、保育職員全員（クラス主任、担任、補助）に対してパフォーマンス評価を実施しない。

___1.2 パフォーマンス評価の基準が、ほとんどが主観的で、個人の特徴に基づいている（例：保育職員が温かい、友好的、思いやりがある）。

___1.3 スーパービジョンやパフォーマンス評価の一環として、公式な保育観察がない。b

2

〈最低限3〉

___3.1 スーパーバイザーが、保育職員全員（クラス主任、担任、補助）に対してパフォーマンス評価を実施する。圀

___3.2 パフォーマンス評価の基準が、ほとんどが客観的で、個人の行動に基づいている（例：保育職員が肯定的指導を行う、子どもにオープンエンドの質問*をする）。圀

___3.3 スーパービジョンやパフォーマンス評価の一環として、公式な保育観察がある。b

4

〈よい5〉

___5.1 保育職員自身が、年間パフォーマンス評価のプロセスに参与する（例：書面による自己評価を行う、自分に対する評価が確定する前に評価についてフィードバックを提供する）。圀

___5.2 パフォーマンス評価基準は、職責によって異なり、職務内容記述書に詳述された内容に基づいている。圀

___5.3 少なくとも年に3回、保育職員個人または保育職員チームに対し、スーパーバイザーが公式に保育観察を行い、観察に基づいてフィードバックを行う。圀

6

〈とてもよい7〉

___7.1 保育職員の年間パフォーマンス評価には、次年度の目標と専門性を高める研修内容が含まれる。a圀

___7.2 パフォーマンス評価のプロセスには、複数の根拠（エビデンス）が含まれる（例：作成物、保護者からのフィードバック、同僚からのフィードバック）。圀

___7.3 少なくとも毎月1回、保育職員全員（クラス主任、担任、補助）にフィードバックとサポートを提供する仕組みが整っている。c圀

記：	ルールに基づいて算出された最終スコアを○で囲んでください。
	1　2　3　4　5　6　7
	2　スーパービジョンとパフォーマンス評価

注 釈

この項目は、保育職員に対するスーパービジョンとパフォーマンス評価に関するものである。

a　専門性開発の目標は、パフォーマンスに関連している**必要**があり、保育実践の改善につながるように具体的に特定されていなくてはならない。
　*専門性を開発する*研修内容とは、特定の目標を達成するために計画された具体的な方略（例：大学のコース、オンライン研修、ワークショップ、メンター*による観察、別の保育職員／保育室の観察など）を指す。

b　保育実践の評価と改善を目的として、公式に*保育観察*が行われる。

c　すべての保育職員に継続的なフィードバックとサポートを提供する評価の仕組みには、以下を含める**必要**がある。
　□明白で具体的な証拠（　　　　　　　　）
　□複数名の関与（　　　　　　　　　　　）
　□明確な評価手順（　　　　　　　　　　）

【訳注】
＊スーパービジョン、スーパーバイザー
　スーパービジョンを行う人をスーパーバイザーと呼びます。本書ではスーパービジョンを「見守り」とし、園長や主任などが保育職員を見守り、少し離れた立ち位置で観察しその結果をフィードバックする（返していく・伝えていく）ことで保育職員としての成長を促します。スーパーバイザーは園長などの内部の人の場合もあれば、幼児教育アドバイザーなど外部の人などの場合もあります。

＊パフォーマンス
　本書では、保育職員の保育に対する考えや思いが他者に伝わるように、言葉や行為に表したものを「パフォーマンス」と呼びます。
　「パフォーマンス評価」については「人事考課」などの従来の用語のもつニュアンスとは一線を画したく、英語のままとしました。

＊職務内容記述書
　それぞれの立場で働く人の仕事・業務・職責の内容を書き出したものです。

＊メンター
　課題解決や悩みの解消を援助する、豊富な知識と経験を有した先輩職員のことです。
　参考：「メンター制度導入・ロールモデル普及マニュアル」厚生労働省

＊オープンエンドの質問
　「はい／いいえ」や、決められた答えの中から選ぶのではなく、定められた正解はなく、自分で考えて答えられるような質問の仕方です。

項目 3 職員の専門能力開発 【注記：網掛け部分は、米国の状況に基づいている。】

《不適切1》

____1.1 管理職、保育職、その他の職員が無料で参加できる研修がない。

____1.2 保育職および管理職が年間15時間以上の研修を受ける方針がなく、かつ専門能力開発の記録が保管されていない。

____1.3 公的な資金による専門能力開発の機会に関する情報が、継続的に職員に共有されていない。

____1.4 保育職で、専門能力開発が日々の保育に組み込まれていない。c

2

《最低限3》

____3.1 管理職、保育職、その他の職員が無料で参加できる研修がある。圀

____3.2 保育職および管理職の全員が年間15時間以上の研修を受ける方針があり、かつ専門能力開発の記録が保管されている。圀

____3.3 公的な資金による専門能力開発の機会に関する情報が、継続的に職員に共有されている。圀

____3.4 保育職で、専門能力開発が日々の保育に組み込まれており、その実践例が少なくとも２つある。c圀

4

《よい5》

____5.1 職務に応じた研修が、管理職、保育職、その他の職員に提供される（例：管理職は予算編成に関する研修を受ける、保育職は肯定的な指導についての研修を受ける、調理員は食品衛生に関する研修を受ける）。圀

____5.2 保育職および管理職の全員が、年間20時間以上の専門能力開発の研修に参加する方針があり、かつ研修実施の記録が保管されている。圀

____5.3 職員のキャリア開発が支援される（例：研修のために職務を離れることが可能、キャリアについてのアドバイス）。

____5.4 保育職で、専門能力開発が日々の保育に組み込まれており、その実践例が少なくとも４つある。c圀

6

《とてもよい7》

____7.1 多様性、公平性、包括性に関する資料（例：偏見のない指導、文化に配慮した実践）が、オリエンテーション時に全職員に渡され、その後は少なくとも年に１回渡される。圀

____7.2 保育職および管理職に、個別の職員に応じた専門能力開発モデルが適用される。a圀

____7.3 保育職および管理職のキャリア開発を支援する仕組みがある。b圀

____7.4 保育職で、専門能力開発が日々の保育に組み込まれており、その実践例が少なくとも６つある。c圀

記：	ルールに基づいて算出された最終スコアを○で囲んでください。
	1　　2　　3　　4　　5　　6　　7
	3　職員の専門能力開発

注　釈

a　個別の職員に応じた専門能力開発モデルには、以下が含まれる**必要**がある。

□各人のパフォーマンス評価の結果、それを踏まえての目標の設定、それらに基づいた個人の学びとして何が必要か（ニーズ）について書き込めるフォーマット（様式）を使用する。

□フォーマットには、個別のニーズに応じた行動計画が必要で、次のような事柄が書き込まれる：責任者、実行されるべき活動、必要なリソース、タイムライン（いつまでに〜する）、および評価項目。

b　管理職・保育職のキャリア形成を支援するシステムには以下が含まれる**必要**がある。

□明白で具体的な証拠（　　　　　　　　　）

□複数名の関与（　　　　　　　　　　　　）

□明確な評価手順（　　　　　　　　　　　）

c　*日々の保育に組み込まれた専門能力開発とは、日々の保育実践に根ざした省察と関与に基づく学び*と定義される。日々の保育に組み込まれた専門能力開発をサポートする実践には、以下の**例**がある。

□スーパーバイザー／コーチが、保育職員の省察を促し、さらなる専門能力開発を提供する。

□保育職員が多様な角度から事例研究を行う。

□スーパーバイザー／コーチが保育観察を行い、保育実践の改善に向けて保育職員をサポートする。

□子どもの学びのプロセスを可視化したドキュメンテーションを作成する。

□職務内容記述書に、パフォーマンス評価の対象となる専門性の向上に努めることが含まれる。

□ピア（同僚）学習チームで、何らかの手引きを利用して質の向上の取り組みを指導する。

□保育職員が省察を行動に移し、行動の中で省察し、次の行動のために省察するようサポートするスーパービジョンがある。

□保育の改善に向けたPDSA（計画・実行・研究・次の実行）のサイクルが実践される。

□保育職員が相互に保育観察を行い、その結果をフィードバックする。

□省察の記録を担当する保育職員がいる。

□保育職員は、自分の専門能力開発（研修）により保育がどう変わったかについて、同僚と共有する。

□その他（　　　　　　　　　　　　　　　）

項目 **4** 給　　与

〈不適切〉1

____1.1　給与規定について、管理職に知らされていない。a

____1.2　給与体系が、役割や学歴に応じていない。c

____1.3　過去2年間に、全職員（管理職、保育職、その他の職員）の昇給がなかった。

2

〈最低限〉3

____3.1　給与規定について、職員に知らされている。a🔲

____3.2　給与体系が、役割、学歴、免許・資格に応じている。c🔲

____3.3　過去2年間に、全職員（管理職、保育職、その他の職員）の昇給があった。🔲

4

〈よい〉5

____5.1　給与規定について、職員に積極的に知らされている。a🔲

____5.2　給与体系は、役割、学歴、免許・資格、および経験年数に応じている。c🔲

____5.3　過去3年にわたり、全職員（管理職、保育職、その他の職員）の毎年の昇給があった。🔲

6

〈とてもよい〉7

____7.1　給与体系は、内部および外部の公平性に基づき、過去5年間に少なくとも2回見直された。b🔲

____7.2　給与体系は、役割、学歴、免許・資格、経験年数、および各種認定証に応じている。c🔲

____7.3　定期昇給とは別に、業績に応じた昇給の仕組みがある。d🔲

記：	ルールに基づいて算出された最終スコアを○で囲んでください。
	1　2　3　4　5　6　7
	4　給　　与

注　釈

　給与規定（給与表、賃金テーブル）は、労働者に対して開示されていなくてはならない。【訳注：労働基準法を参照】

a　*知らされている*とは、給与規定が給与の基準を示しており、誰もが制限なく見られることを指す。

b　*内部の公平性*とは、園内のさまざまな業務の位置付けや関連性を明らかにすることを指す。組織の目標に照らしてそれぞれの業務の重みや貢献度の分析を通じて具体的に示される。
　*外部の公平性*とは、類似した職業とのバランスを指す。他の保育施設や、他の職種で同様の資格を持ち同様の業務を行うものがどのように処遇されているかに関連する。

c　*学歴*とは、一般教育のレベルを指す（高校の卒業証書、準学士、学士など）。
　*免許・資格*は幼稚園教員免許（二種、一種、専修）・保育士資格である。
　*各種認定証*とは、専門的能力の獲得を認めて公的な（民間も含める）機関によって保育職員に発行される各種資格取得認定証明書や受講証を指す。【訳注：例：乳児保育士、救命士、幼児教育アドバイザー、レクリエーションインストラクター、絵本専門士、おもちゃインストラクター、ECEQ®コーディネーター】

d　*昇給*とは、基本給の増額を指す。賞与は、基本給の増額でないならば、昇給とはみなされない。

項目 **5** 福利厚生 【注記：網掛け部分は、米国の状況に基づいている。】

____1.1 常勤職員に、健康保険制度が適用されない（無回答可）。a

____1.2 全職員が、**勤務１年目に、10日以下の有給休暇しかとれない。** b

（1.3なし）

____1.4 常勤職員に、退職金制度のオプションがない（無回答可）。a

____1.5 園が、職員が自分で選択した研修の費用を補助しない。c

2

____3.1 常勤職員に、健康保険に加入するオプションがある（無回答可）。a資

____3.2 全職員が、**勤務１年目に、11日以上の有給休暇がとれる。**b資

（3.3なし）

____3.4 常勤職員に、退職金制度のオプションがある（無回答可）。a資

____3.5 園が、職員が自分で選択した研修の費用をある程度補助する。c資

4

____5.1 常勤職員に、雇用主が半額を支払う健康保険に加入するオプションがある（無回答可）。a資

____5.2 全職員が、**勤務１年目に、19日以上の有給休暇がとれる。**b資

____5.3 全職員に、**勤続５年以降、最低24日の有給休暇がある。**b資

____5.4 雇用主は職員の給与の３％以上を退職金制度にあてる（無回答可）。a資

____5.5 園が、全職員に、自分で選択した研修の費用に年間 $100以上を補助する。c資

6

____7.1 常勤職員は、雇用主が66％以上を負担する健康保険に加入するオプションがある（無回答可）。a資

____7.2 全職員が、**勤務１年目に、27日以上の有給休暇がとれる。**b資

____7.3 全職員に、**勤続５年以降、最低32日の有給休暇がとれる。**b資

____7.4 雇用主は、職員の給与の５％以上を退職金制度にあてる（無回答可）。a資

____7.5 園が、全職員に、自分で選択した研修の費用に年間 $200以上を補助する。c資

記：	ルールに基づいて算出された最終スコアを○で囲んでください。
	1　　2　　3　　4　　5　　6　　7
	5　福利厚生

注　釈

【注記：網掛け部分は、米国の状況に基づいている。】

　*常勤職員*とは、園での規定が別にない限り、週に35時間以上の勤務を行う職員を指す。

　*全職員*とは、週に20時間以上働く職員を指す。研修生、臨時職員、週20時間未満のパートタイムの職員は含まれない。

a　常勤職員がいない場合、「無回答」となる。

b　有給休暇には、年次休暇、職場の休暇、病欠／個人理由の休暇が含まれる。

c　職員が専門性開発のために自分で選択した研修にかかる費用を補助するために手当が出される。スーパーバイザーの承認が必要な場合もある。手当の使途には、交通費、託児費、研修の教材費などの例がある。

項目 6 職員配置と時間配分 【注記：網掛け部分は、米国の状況に基づいている。】

〈不適切〉1

____1.1 保育職員と子どもの比率を維持するためのクラス替えが、年6回以上ある。a

____1.2 保育職員の1週間の勤務スケジュールの中で、保育の計画または準備にあてる時間がない。c

____1.3 園で、子どもがいるときに2人以上の職員が常に配置されているとは限らない。

____1.4 園長または職員に、教育上のリーダーシップを発揮する時間と権限がない。d

2

〈最低限〉3

____3.1 保育職員と子どもの比率を維持するためのクラス替えは、年5回以下である。a 頁

____3.2 保育職員の1週間の勤務スケジュールの中で、保育の計画または準備にあてる時間がある。c 頁

____3.3 園で、子どもがいるときに2人以上の職員が常に配置されている。頁

____3.4 園長または職員に、教育上のリーダーシップを準備・実行する時間と権限がある。d 頁

4

〈よい〉5

____5.1 園は定められた比率以上の職員を配置をしたり、フリーの保育職員を確保したりして、保育職員の不在に備えている。頁

____5.2 保育職員の勤務スケジュールの中に、少なくとも2週に一度、保育の計画にあてる時間があり、それにはクラス担任全員が参加する。頁

____5.3 各保育室に、午睡の時間も含め、子どもがいるときは常に2人以上の職員が配置される（開園後と閉園前の1時間はこの限りではない）。頁

____5.4 6クラス以上ある園で、教育上のリーダーシップを実行する時間と権限のある、0.5フルタイム【訳注：フルタイムの2分の1相当】の常勤職員が1名いる（クラス数が5以下の場合無回答）。d 頁

6

〈とてもよい〉7

____7.1 開園か閉園の時に、各クラスの子どもの担任がいるような職員配置になっている。b 頁

____7.2 保育職員の1日の勤務スケジュールの中に、少なくとも30分間、計画または準備にあてる子どもとのノンコンタクトタイム【訳注：保育に入らない時間】がある。頁

____7.3 各保育室に、昼寝の時間および開園後と閉園前の各1時間を含め、子どもがいるときは常に2人以上の職員が配置されている。頁

____7.4 6クラス以上ある園で、教育上のリーダーシップを実行する時間と権限のある、フルタイムの常勤職員が1名いる（クラス数が5以下の場合、無回答）。d 頁

記：	ルールに基づいて算出された最終スコアを〇で囲んでください。
	1 2 3 4 5 6 7
	6 職員配置と時間配分

注　釈

a　*保育職員と子どもの比率を維持する*とは、担任不在の事態が起こり、保育職員と子どもの比率が法的に定められた基準を保てなくなる場合に調整することを指す。

b　*開園または閉園の時*にとは、恒常的に１日の始めまたは終わりに子どもの出席が少数であり、子どもが違うクラスの子どもと一緒になることを指す。

c　子どもを適切に見守れるなら、子どもの午睡時間中に保育の計画と準備の時間を取ることができる。

d　*教育上のリーダーシップ*とは、保育者の指導と子どもの学びの質を向上させ、あわせて保護者との連携を促進し家庭での教育力を高めるために、他の人を支援し、感化し、導く意図的な実践のことを指す。

項目 **7** 施設管理

〈不適切〉1

____1.1 施設の定期保守点検は2件以下である。a

____1.2 保育職員が、休憩、打ち合わせ、会議、準備などに使える、大人用の家具を備えた部屋がない（部屋の兼用は可）。

2

〈最低限〉3

____3.1 施設の定期保守点検は少なくとも3件ある。a🔲

____3.2 保育職員が、休憩、打ち合わせ、会議、準備などに使える、大人用の家具を備えた部屋がある（部屋の兼用は可）。🔲

4

〈よい〉5

____5.1 施設の定期保守点検は少なくとも5件ある。a🔲

____5.2 保育職員自身のニーズを満たすための設備や家具がある。b🔲

6

〈とてもよい〉7

____7.1 施設の定期保守点検は少なくとも7件ある。a🔲

____7.2 職員専用の専用スペースがあり、図書コーナーがある。c🔲

記：	ルールに基づいて算出された最終スコアを○で囲んでください。
	1　　2　　3　　4　　5　　6　　7
	7　施設管理

注　釈

a　定期保守点検には、以下の**例**がある。
　□警報器・消火器・煙感知器整備
　□調理室の衛生
　□清掃サービス
　□空調システムの保守点検
　□換気システムの保守点検
　□害虫駆除
　□トイレ用品と衛生状態点検
　□屋外遊び場の安全性に関する日常点検・整備
　□窓ガラスクリーニング
　□遊具の日常点検・整備
　□その他（　　　　　　　　　　　　　　）

b　職員の個人的ニーズを満たすスペースには、以
　下が**必要**である。
　□各保育室に大人サイズの椅子またはソファ
　□私物を入れるロッカー
　□大人専用トイレ

c　図書コーナーには以下が**必要**である。
　□インターネットが使えるコンピュータ
　□少なくとも１種類の幼児教育・保育に関連する
　　月刊誌等の過去１年分
　□最低25冊の幼児教育・保育に関する本
　　【訳注：幼稚園教育要領、保育所保育指針、幼保連携
　　型認定こども園教育・保育要領を含む】

項目 **8** リスク管理

    _____1.1 リスク管理計画がない。a

    _____1.2 子どものアレルギーの情報が教室に掲示されておらず、かつ慢性疾患に関する情報が事務室に保管されていない。c

    _____1.3 過去1年間に、月に1回の避難訓練が行われなかった。

    _____1.4 心肺蘇生法をはじめとして応急手当等の研修を受けた職員が、各保育室にいない。g

2

    _____3.1 リスク管理計画がある。ab圖

    _____3.2 子どものアレルギーに関する情報が保育室に掲示され、かつ慢性疾患に関する情報が事務室に保管されている。c観

    _____3.3 過去1年間に、避難訓練は月に1回実施され、かつ屋内での非常事態訓練（例；激しい嵐、侵入者など）は年に2回実施された。圖

    _____3.4 心肺蘇生法をはじめとして応急手当等の研修を受けた職員が、各保育室に1人いる。g圖

4

    _____5.1 リスク管理計画は、各保育室で手に取りやすいところにある。ab観

    _____5.2 子どもの慢性疾患に関する情報が、保育室と事務室に保管されている。c観

    _____5.3 避難訓練および屋内での非常事態訓練の記録に、次回での改善事項が含まれている。e圖

    _____5.4 園では、少なくとも2年に1回、保育職員に心肺蘇生法をはじめとした応急手当等の実践での訓練を行う。g圖

6

    _____7.1 リスク管理計画は年に1回見直される。ab圖

    _____7.2 すべての保育職員（非常勤・臨時職員を含む）が、子どもに必要な医療情報を確実に共有する仕組みが整っている。cd圖

    _____7.3 避難・非常事態訓練が計画通りに行われるような仕組みが整っている。f圖

    _____7.4 すべての保育職員が、1年に1回、心肺蘇生法をはじめとした応急手当等の実践での訓練を受ける。g圖

記：	ルールに基づいて算出された最終スコアを〇で囲んでください。
	1　2　3　4　5　6　7
	8　リスク管理

注　釈

a　リスク管理計画は、別の文書（運用ハンドブックなど）の一部でもよいが、容易に参照できる必要がある。

b　園のリスク管理計画には、以下が**必要**である。
□緊急時に従うべき明確な手順（例：化学物質の放出／流出、地震、火災、洪水・津波、侵入者、パンデミック、台風）
□保育に対する保護者からの苦情・申し立てのリスクを軽減するための明確な手順（例：保護者に開かれた仕組み、正確な事故報告書、保護者による毎日の登降園の手続き）
□人、施設、用具、遊具等の安全を維持するための明確な手順（例：普遍的な予防措置、遊具の消毒、消火器または警報システムの整備、十分な換気、個人用保護具の使用、地域の緊急時避難計画への参加）

c　子どものアレルギーや慢性疾患に関して、個人情報として守秘義務が守られている場合に、「はい」となる。【訳注：アレルギーの情報は普段目につかないキャビネットの裏に貼ってあるなど】

d　緊急医療情報がどの保育職員にも確実に伝わるために以下が**必要**である。
□明白で具体的な証拠（　　　　　　　　　　）
□複数名の関与（　　　　　　　　　　　　　）
□明確な評価手順（　　　　　　　　　　　　）

e　この指標を「○はい」とするには、記録用紙に改善案を記入する欄があり、過去12か月間に少なくとも２つの改善策が記録されていなくてはならない。

f　緊急訓練が計画通りに行われるような仕組みには、以下が**必要**である。
□明白で具体的な証拠（　　　　　　　　　　）
□複数名の関与（　　　　　　　　　　　　　）
□明確な評価手順（　　　　　　　　　　　　）

g　心肺蘇生法は、子どもの年齢に対応していることが求められる（乳児：生後12か月まで、子ども：１歳から８歳まで、学齢期の子ども／大人：８歳以上）。

【訳注：参考資料】
　内閣府、文部科学省、厚生労働省：教育・保育施設等における事故防止および事故発生時の対応のためのガイドライン（平成28年）

項目 9　マーケティングと広報 【注記：網掛け部分は、米国の状況に基づいている。】

〈不適切〉1

____1.1　園が利用する広報ツールは2つ以下である。a

____1.2　広報ツールにプロフェッショナルなイメージがない。b

____1.3　園についての情報発信がなく、問い合わせへのフォローアップの電話等が1営業日以内に行われない。

2

〈最低限〉3

____3.1　園は、5つ以上の広報ツールを利用している。a園

____3.2　広報ツールに、プロフェッショナルなイメージがある。b園

____3.3　園についての情報発信があり、問い合わせへのフォローアップの電話等が1営業日以内に行われる。園

4

〈よい〉5

____5.1　園は、7つ以上の広報ツールを利用している。a園

____5.2　広報ツールは、見直しがあり内容が更新され、かつ画像に偏りがないことが確認されている（例：性別、家族構成、障がい、人種、民族性）。園

____5.3　問い合わせのあった入園の見込みのある家庭かつ園の行ったフォローアップ（例：電話をかけた、手紙を送った）の記録があり、保管される。園

6

〈とてもよい〉7

____7.1　入園特典の内容が書面になっている。　園

____7.2　過去3年間に、主要メンバーによる広報ツールの見直しがあった。c園

____7.3　電話または園見学のあった入園の見込みのある家庭に対する対応のしかたを、職員にトレーニングするガイドラインがある。園

記：	ルールに基づいて算出された最終スコアを○で囲んでください。
	1　2　3　4　5　6　7
	9　マーケティングと広報

注　釈

a　広報ツールには、以下の**例**がある。
　□広告
　□パンフレット
　□名刺
　□連絡先情報を記載した電子メールの署名
　□園名入りの用紙
　□園のロゴ
　□ニュースレター／一斉発信メール
　□園のグッズ（例:衣類、マグカップ、帽子など）
　□看板
　□ SNS（Facebook、Instagram、X）
　□ソーシャルネットワーキング
　□ Web サイト
　□その他（　　　　　　　　　　　　　）

b　プロフェッショナルなイメージとは、園がすべ
　ての資料等に一貫したロゴを使用し、資料には誤
　字やその他の誤りがないことである。

c　主要メンバーとは、少なくとも 2 つの異なる立
　場からそれぞれ少なくとも 1 人の代表者が出てい
　ることを指す（例：保護者代表、職員代表、理事
　会代表、その他関連組織代表）。必ずしも職員で
　ある必要はない。

項目10 ICT

〈不適切1〉

____1.1 管理職・事務職員が、記録管理のために ICT を使用しない。a

____1.2 園で、情報セキュリティ対策が1つしか実施されていないか、全くされていない。b

____1.3 職員の ICT の使用に関する方針がない。

2

〈最低限3〉

____3.1 管理職・事務職員が、記録管理のために3つ以上について ICT を使用している。a圓

____3.2 園で、2つ以上の情報セキュリティ対策が実施されている。b圓

____3.3 職員の ICT の使用に関する方針がある。圓

4

〈よい5〉

____5.1 管理職・事務職員が、記録管理のために6つ以上について ICT を使用している。a圓

____5.2 園で、4つ以上の情報セキュリティ対策が実施されている。b圓

____5.3 職員の ICT の使用に関する方針には、コンピュータ、電子メール、携帯電話、またはその他モバイルデバイスの使用範囲が含まれる。圓

6

〈とてもよい7〉

____7.1 過去1年以内に管理職・事務職員を対象とした ICT 研修が実施された。圓

____7.2 園で、6つ以上の情報セキュリティ対策が実施されている。b圓

____7.3 職員の ICT の使用に関する総合的な方針がある。c圓

記：	ルールに基づいて算出された最終スコアを○で囲んでください。
	1　　2　　3　　4　　5　　6　　7
	10　ICT

注　釈

a　ICT による記録管理には以下の**例**がある。
- □年間の予算計画（業務計画と支出）
- □キャッシュフロー予測
- □寄付金、助成金管理
- □福利厚生（例；有給休暇の記録）
- □在籍児データベース
- □在籍児の家庭のデータベース
- □収入と支出の明細書（例：領収書）
- □給与記録
- □その他（　　　　　　　　　　　　　　　　）

b　情報セキュリティ対策には以下の**例**がある。
- □文書のバックアップ（文書を複数の媒体に保存する）
- □内蔵ハードドライブのバックアップ
- □機密データの暗号化／保護（例：マイナンバー、銀行口座）
- □コンピュータでファイアウォール保護有効化
- □安全な Web サイトのみ閲覧する
- □園のデバイスにソフトウェアをインストールする権限を制限し、機密データや情報への職員のアクセスを制限する
- □雇用最終日に、退職職員の電子データへのアクセスを停止する
- □オンラインアカウントへのアクセスに二重認証を要求する
- □職員に、コンピュータのパスワードを年に 4 回以上変更することを要求する
- □共有のデバイスを使用するときは、個別のパスワードを使用する
- □職員の不在時には園のデバイスをロック／パスワード保護する
- □園のコンピュータのポップアップを制限する
- □使用（コンピュータ、タブレット、携帯電話など）機密データを安全な場所に保管する（パスワードで保護された場所など）
- □職員に年 1 回、情報保護についての研修を行う
- □（電子ファイル）サードパーティのリスクから保護するために機密保持フォームを使用する
- □セキュリティソフトウェアを更新する（例：Web デザイナーアクセス、給与計算サービス）
- □安全なインターネットネットワークのみを使用する
- □ホームページに SSL を導入する
- □その他（　　　　　　　　　　　　　　　）

c　職員の ICT 使用に関する*総合的な*ポリシーには、以下のような職員対象の具体的なガイドライ

ンが必要である。
- □仕事関連情報のデジタル機密性
- □メールのマナーやルールの指導
- □園の技術リソースの個人的な使用
- □メディアリリースの使用（例：肖像権、著作権、画像・音声・氏名の使用許諾）
- □ソーシャルメディアの使用
- □情報モラル
- □個人情報保護

【訳注：参考資料】
総務省「教育 ICT ガイドブック」2017

項目11　スクリーニングとニーズの特定 （無回答可）【注記：網掛け部分は、米国の状況に基づいている。】

〈不適切〉1
___ 1.1　子どもがスクリーニングを受けない。a
___ 1.2　スクリーニングにあたって、保護者の同意を得ていない（別の組織が保護者の同意を得て実施する場合は無回答可）。a
___ 1.3　特定されたニーズをもつ子どもに、専門家が現場で関わらない。e

2

〈最低限〉3
___ 3.1　0～5歳のすべての子どもがスクリーニングを受ける。ab資
___ 3.2　スクリーニングにあたって、保護者の同意が得られている（別の組織が保護者の同意を得て実施する場合は無回答可）。a資
___ 3.3　園は、専門家に場所と時間を提供し、特定されたニーズをもつ子どもに対応する。e資

4

〈よい〉5
___ 5.1　0～5歳のすべての子どもが、有効で信頼できる方法でスクリーニングを受ける。abc資
___ 5.2　所見に関係なく、すべての保護者にスクリーニングの結果が通知される。a資
___ 5.3　特定されたニーズをもつ子どもに、専門家が園の保育の中で対応する。e資

6

〈とてもよい〉7
___ 7.1　誤認を防ぐため、スクリーニングのプロセスには安全対策が組み込まれている。ad資
___ 7.2　追加の検査が必要になった場合は、家族に通知され、専門機関が紹介される。資
___ 7.3　特定されたニーズをもつ子どもに対し、専門家との連携をサポートする仕組みがある。ef資

記：	ルールに基づいて算出された最終スコアを○で囲んでください。
	1　　2　　3　　4　　5　　6　　7　　無回答
	11　スクリーニングとニーズの特定

注 釈

【注記：網掛け部分は、米国の状況に基づいている。】

a　スクリーニングとは、潜在的な障がい、学習障がい、発達上の課題のある子どもを特定するための２段階プロセスの最初のステップを指す。さらなる検査が必要かどうかを判断するために、スクリーニングツールが使用される。スクリーニングは、複数の発達領域にわたる。

b　スクリーニングを受けるとは、０〜５歳のすべての子どもが発達検査を受けることを意味する。

c　*有効で信頼できるスクリーニングツールとは、研究をベースにしており、出版されたものである（例：Ages and Stages、Brigance、Early Screening Inventory）。*

d　使用するスクリーニングツールそれぞれに、以下の安全対策が**必要**である。
□有資格者が実施する
□結果は有資格の専門家が解釈する
□複数の根拠が用いられる（例：家庭や園での観察に基づく報告）
□子どもの第一言語で行われる

e　専門家の**例**には以下のものがある。
□行動療法士
□児童発達支援士
□早期介入の専門家
□メンタルヘルスの相談職
□理学療法士（PT）
□作業療法士（OT）
□ソーシャルワーカー
□言語聴覚士（SLP）
□その他（　　　　　　　　　　　　　　）

f　保育職員と専門家との双方向のコミュニケーションが、連携には最低限必要である。この指標の要件を満たすには、保育職員からの発信と専門家からの発信の両方のコミュニケーションをサポートする仕組みがなくてはならない。
園から提供された個別支援計画（Individualized Education Plan）または個別家族支援計画（Individualized Family Service Plan）があれば、専門家との連携の仕組みの条件を満たす。
専門家との連携をサポートする仕組みには、次のものが**必要**である。
□明白で具体的な証拠（　　　　　　　　　　　　）
□複数名の関与（　　　　　　　　　　　　　　）
□明確な評価手順（　　　　　　　　　　　　　）

【注記：日本の場合】
　乳幼児健診事業の根拠と実施状況：わが国の乳幼児健診事業は、母子保健法に基づいて実施されている。第12条には「市町村は、次に掲げる者に対し、厚生労働省令の定めるところにより、健康診査を行わなければならない。」と定められ、「満一歳六か月を超え満二歳に達しない幼児」（１歳６か月児健診）および「満三歳を超え満四歳に達しない幼児」（３歳児健診）を対象とする健診は、法定健診とも言われる。これ以外の対象者については、第13条に「前条の健康診査のほか、市町村は、必要に応じ、妊産婦又は乳児若しくは幼児に対して、健康診査を行い、又は健康診査を受けることを勧奨しなければならない」と定められている。

11　スクリーニングとニーズの特定（無回答可）

23

項目12 学びを支援するアセスメント（無回答可）【注記：網掛け部分は、米国の状況に基づいている。】

〈不適切1〉
____1.1 保育職員が、子どもの学びと発達の状況を把握するために、アセスメントツールを使用しない。
____1.2 園が、自園に応じたカリキュラムを使用しない。c
____1.3 個別の子どものアセスメントの結果が、保育職員によって指導計画に反映されない。

2

〈最低限3〉
____3.1 保育職員が、子どもの学びと発達の状況を把握するために、アセスメントツールを使用する。圀
____3.2 園が、学びや発達の基準に沿う、自園に応じたカリキュラムを使用する。ｃｄ圀
____3.3 個別の子どものアセスメントの結果が、保育職員によって指導計画に反映される。圀

4

〈よい5〉
____5.1 各年齢のクラスで、担任が有効で信頼できるアセスメントツールを使用して、子どものアセスメントを行う。a圀
____5.2 指導計画が、学びと発達の基準に沿っている。d圀
____5.3 担任は、保育実践の質を継続的に高めていくために、PDSA（計画・実行・研究・行動）サイクルを実行する。圀

6

〈とてもよい7〉
____7.1 担任は、有効で信頼できるアセスメントツールに加え、子どもの学びと発達を測定する多様な方法を用いる。ａｂ圀
____7.2 指導計画は、学びと発達の基準に沿っていることに加え、保護者と共有される（例：掲示板、ニュースレター、ウェブサイト）。d圀
____7.3 事務局は、子どものアセスメントの結果を集計かつ分類して、長期計画かつ／あるいは園の評価に使用する。e圀

記：	ルールに基づいて算出された最終スコアを○で囲んでください。
	1　2　3　4　5　6　7　無回答
	12　学びを支援するアセスメント

注　釈

【注記：網掛け部分は、米国の状況に基づいている。】

　学びを支援するアセスメントは、保育職員が参考にできるデータを提供し、保育実践と子どもの学びを向上させる。

a　*有効で信頼できるアセスメント*とは、研究をベースにしており、出版されたものである（例：High/Scope COR、Work Sampling System、Teaching Strategies GOLD）。

b　子どもの学びと発達を評価するための複数の手段には以下の例がある。
　□オーディオ録音
　□（一連のつながりのある）写真記録
　□観察メモ
　□子どもの作品のポートフォリオ
　□ビデオ録画
　□その他（　　　　　　　　　　　　）

c　*カリキュラム*とは、意図をもって子どもの学びと発達を支援する活動を実施するための指針となる枠組みを指す。

d　*基準*とは、国または州が認めた乳幼児期の学びおよび発達のガイドラインを指す。

e　*評価結果の集計*とは、個々の子どものアセスメントの結果が、分析を目的として組み合わされたものを指す。集計の目的は、傾向を調べ、指導の改善に向けた取り組みを知らせることである。
　*評価結果の細分化*とは、データが要素ごとに（例：民族性、ジェンダー、地域、言語、人種）分類されていくことである。細分化の目的は、子どもによって異なる資質や能力の現れ outcome が何であるかを特定し、保育実践を評価し、向上のための計画を立てることにある。

項目13　予算計画　【注記：網掛け部分は、米国の状況に基づいている。】

〈不適切1〉

____1.1　園長は、園の運営予算が確定する前に、検討、情報提供、または見直しを行わない。

____1.2　当年度の運営予算がない。

____1.3　給与、保険、各種納付金が、期日どおりに支払われないことがある。

2

〈最低限3〉

____3.1　園長は、園の運営予算が確定する前に、検討、情報提供、または見直しを行う。

____3.2　当年度の運用予算に、収入と支出の内訳の明細項目がある。b圎

____3.3　給与、保険、各種納付金が、常に期日内に支払われる。圎

4

〈よい5〉

____5.1　運営予算を確定する前に、ニーズ調査が実施される。a圎

____5.2　当年度の運営予算に、最低限、収入については3つの項目、支出については9つの項目の内訳がある。b圎

____5.3　キャッシュフローを円滑に行うために、少なくとも2つの承認された手続きがある。d圎

6

〈とてもよい7〉

____7.1　運営予算には、ニーズ調査から特定された優先事項が反映される。a圎

____7.2　翌会計年度の運営予算の草案は、現会計年度の第4四半期の初めまでに作成される。c圎

____7.3　四半期ごとのキャッシュフロー予測が可能である。 e圎

記：	ルールに基づいて算出された最終スコアを○で囲んでください。
	1　　2　　3　　4　　5　　6　　7
	13　予算計画

注 釈

【注記：網掛け部分は、米国の状況に基づいている。】

a　ニーズ調査とは、幼児教育・保育を改善または強化するため、職員が現在あるものと必要なもの（備品、設備、人員、その他）との間のギャップを特定する調査プロセスを指す。予算計画のためにニーズが優先される。

b　収入には以下の例がある。
　□食料補助
　□各種子育て支援（補助券等）
　□契約
　□資金調達
　□公的補助金・民間助成金
　□寄贈
　□保護者からの保育料
　□その他（　　　　　　　　　　　　　　　　）

　　支出には以下の例がある。
　□園の評価に関する支出（第三者評価など）
　□給付
　□繰延設備更新・資本増強
　□給食、食材
　□保険
　□設備機器の点検整備
　□広報
　□職員の専門能力開発
　□専門サービス（例；会計、法務、共有サービス）
　□賃借料、借入金
　□給与
　□機器備品（湯茶など）
　□交通費
　□公益目的支出
　□その他（　　　　　　　　　　　　　　　　）

c　会計年度開始時期によって、第4四半期の開始時期が決定される。

d　適切なキャッシュフローを目的とする慣行には以下の例がある。
　□滞納されている保育料や費用を徴収する明確な方針と手続き
　□適切な出席率を維持するための明確な方針と手続き
　□保育料／料金の徴収の外部委託
　□保護者の未払い金の督促方法
　□収入の迅速な入金
　□その他（　　　　　　　　　　　　　　　　）

e　四半期ごとのキャッシュフロー予測は、運営予算から作成され、補正予算は3か月間隔で行われる。

項目14　会計処理　【注記：網掛け部分は、米国の状況に基づいている。】

〈不適切〉1

____1.1　四半期ごとの損益計算書が作成されない。a

____1.2　収支計算書の例が1つもない。b

____1.3　月次会計報告がない（例：銀行および／またはクレジットカード明細書の照合、収入と支出の比較）。

2

〈最低限〉3

____3.1　損益計算書は四半期ごとに作成される。a圎

____3.2　収支計算書の例が少なくとも1つある。b圎

____3.3　月次会計報告がある（例：銀行および／またはクレジットカードの明細書の照合、収入と支出の比較）。圎

4

〈よい〉5

____5.1　園長は、四半期ごとの収入と支出の損益計算書を閲覧するか、作成する。a圎

____5.2　収支計算書の例が少なくとも2つある。b圎

____5.3　独立した第三者による会計記録の四半期ごとのレビューがある。c d圎

6

〈とてもよい〉7

____7.1　園長は、園の財務状況を監視するために、四半期ごとのキャッシュフロー予測と収支報告を比較する。圎

____7.2　収支計算書の例が少なくとも3つある。b圎

____7.3　毎年、公認会計士による外部監査が行われている。圎

記：	ルールに基づいて算出された最終スコアを○で囲んでください。
	1　　2　　3　　4　　5　　6　　7
	14　会計処理

注　釈

【注記：網掛け部分は、米国の状況に基づいている。】

a　収入と支出の明細書が四半期ごと、またはそれ以上の頻度で（たとえば毎月）作成される場合に評点が与えられる。

b　収支計算書には以下の例がある。
　□小口現金支出のレシート・領収書の管理
　□職務の分離（例：現金の受け取りと現金支出の承認を同じ人がしない）
　□制限付き資金の一般運営資金からの分離（例：助成金、寄附金等の仕分け）
　□事業用クレジットカードの利用の管理
　□支出の承認には2人以上の署名等が必要
　□発注書に2人以上の署名等が必要
　□その他（　　　　　　　　　　　　　　　　）

c　*独立した第三者*とは、会計報告担当者が園の職員ではないことを意味する。理事、家族、園の管理監督機関の役員は、独立した審査を行うことができる。

d　レビューが四半期ごと、またはそれ以上の頻度で（たとえば毎月）行われる場合、評点が与えられる。

項目15 中長期計画

____1.1 園のミッションまたはビジョンの表明がない。a

____1.2 園のミッションまたはビジョンが、保護者用ハンドブックに示されていない。a

____1.3 園の中長期計画がない。b

____3.1 園のミッションまたはビジョンの表明がある。a 資

____3.2 園のミッションまたはビジョンが、保護者用ハンドブックに示されている。a 資

____3.3 園の中長期計画がある。b 資

____5.1 職員と保護者が、園のミッションまたはビジョンの改良または見直しに関与している。a 資

____5.2 園のミッションまたはビジョンは、保護者用ハンドブックと職員用ハンドブックの**両方**に記載されている。a 資

____5.3 園には総合的な中長期計画がある。b c 資

____7.1 職員、保護者、少なくとも1人の外部代表者（例：関連機関、企業、公立学校、専門家）が園のミッションまたはビジョンの改良および/または見直しに関与している。a 資

____7.2 園のミッションまたはビジョンが保育室に掲示されている。a 観

____7.3 職員、保護者、少なくとも1人の外部代表者（例：関連機関、企業、公立学校、専門家）が園の総合的な中長期計画の改良に関与している。b c 資

記：	ルールに基づいて算出された最終スコアを○で囲んでください。
	1 2 3 4 5 6 7
	15 中長期計画

注　釈

中長期計画の立案（ミッションまたはビジョンの表明と中長期的計画）は、幼児教育・保育施設であることに依拠していなくてはならない。

a　ミッションとは、中長期の意思決定に影響を与える、園の存在目的を簡潔に述べたものである。ビジョンとは、園の望ましい将来に向けて、職員に意欲を持たせ、励まし、具体的に導くための理想の表明である。

b　目標を達成するには１年以上を要するため、中長期計画は年間改善計画とは異なる。

c　総合的な中長期計画には以下の事柄が含まれることが**必要**である。
　□ニーズ調査（保護者、職員、および／または地域の幼児教育・保育ニーズのギャップ分析）
　□時間枠
　□長期的な優先目標
　□目標
　□目標を達成するための方略（マーケティング、建設、定員、人員配置、報酬、財務計画など）

項目16 評価と継続的改善 【注記：網掛け部分は、米国の状況に基づいている。】

〈不適切〉1

____1.1 園は、保育の質を測定するための観察ツールを使用しない。a

____1.2 園は、職員の働く環境を含め、園全体の質について職員から意見を聞かない。b

____1.3 園は、園全体の質について、保護者から意見を聞かない。d

____1.4 園の方針の決定に、園全体の質についての職員または保護者からの意見が参考にされない。

2

〈最低限〉3

____3.1 園は、保育の質を測定するための観察ツールを使用する。a▢

____3.2 園は、職員の働く環境を含め、園全体の質について3つ以上の方法で職員から意見を聞く。b▢

____3.3 園は、園全体の質について、3つ以上の方法で保護者から意見を聞く。d▢

____3.4 園の方針の決定に、園全体の質についての職員および保護者からの意見が参考にされる。

4

〈よい〉5

____5.1 保育職員は少なくとも四半期ごとに集まり、保育を改善するため計画・実行・研究・行動（PDSA）のサイクルを実行する。▢

____5.2 職員は、過去3年間に少なくとも1回、園全体の質を評価するために評価ツールを使用した。c▢

____5.3 保護者は、過去3年間に少なくとも1回、園全体の質を評価するために評価ツールを使用した。e▢

____5.4 園についての評価の結果は、職員および保護者にフィードバックされる。▢

6

〈とてもよい〉7

____7.1 保育職員は、月に1回以上、保育を改善するため計画・実行・研究・行動（PDSA）のサイクルを実行する。▢

____7.2 職員は、年に1回、園全体の質を評価するために評価ツールを使用する。c▢

____7.3 保護者は、年に1回、園全体の質を評価するために評価ツールを使用する。e▢

____7.4 職員および保護者による評価のデータが、質の改善計画の文書に書き込まれる。▢

記：

ルールに基づいて算出された最終スコアを〇で囲んでください。

| 1 | 2 | 3 | 4 | 5 | 6 | 7 |

16 評価と継続的改善

注 釈

【注記：網掛け部分は、米国の状況に基づいている。】

a 保育の質を測定するための観察ツールには、次のような**例**がある。

□ CLASS（＝Classroom Assessment and Scoring System 保育評価・採点システム）

□ ERS（＝Environment Rating Scale 保育環境評価スケール；邦訳『新・保育環境評価スケール①3歳以上』2016、『同②0・1・2歳』2018、法律文化社）

□ Class Observation Tool, National Association for the Education of Young Children（全米幼児教育協会［NAEYC］の保育観察ツール）

□ SSTEW（＝邦訳『保育プロセスの質評価スケール』2016、明石書店）

□ 日本版SICS「子どもの経験から振り返る保育プロセスの質」（2010、幼児教育映像 制作委員会）

□ その他（　　　　　　　　　　　　　　）

b 園全体の質について職員等から意見を得る方法には、次のような**例**がある。

□ 職員会議の議題
□ 評価ツール
□ 職員アンケート
□ 退職時の面接
□ 行事などの時の小アンケート、感想収集
□ 日報、業務日誌、園務日誌等
□ 提案箱
□ 在職時の定期面談
□ その他（　　　　　　　　　　　　　　）

c 職員が園全体の質を評価するための評価ツールには、次のような**例**がある。

□ ECWES（＝Early Childhood Work Environment Survey 保育職員労働環境調査）

□ Essential 0-5 Survey（0-5歳児保育調査）

□ Program Observation Tool, National Association for the Education of Young Children（全米幼児教育協会［NAEYC］園観察ツール）

□ SEQUAL（Supportive Environmental Quality Underlying Adult Learning Survey 保育職員学習支援環境調査）

□ その他（　　　　　　　　　　　　　　）

d 家族からフィードバックを得る方法としては、次のような**例**がある。

□ クラス懇談
□ 評価ツール
□ 保護者アンケート
□ 退所時の面接
□ 個人懇談
□ 行事などの時の小アンケート、感想収集
□ 連絡ノート
□ 提案箱、苦情受付窓口、意見箱
□ その他（　　　　　　　　　　　　　　）

e 保護者が園の保育の質を評価するためのツールには次のような**例**がある。

□ Head Start Family Survey（ヘッドスタートの保護者調査）

□ Parent Satisfaction Survey（保護者満足度調査）

□ その他（　　　　　　　　　　　　　　）

16 評価と継続的改善

項目17　保護者とのコミュニケーション

〈不適切1〉

___1.1　園は、入園オリエンテーション時に、保護者に書面で園についての情報を渡さない。

___1.2　園は、入園時に、子ども・家庭・地域に関する情報（例：子どもの長所や好物、文化、祖父母等、日常生活、子育ての方針、近所のサポートなど）の提出を求めない。c

___1.3　園は、保護者の希望する言語でコミュニケーションをとるか、必要に応じて何かの手段（例：通訳、翻訳アプリ）を利用しない。

___1.4　園は、子どもの学びと発達について話し合う集会を行わない。

2

〈最低限3〉

___3.1　園は、入園オリエンテーション時に、保護者に書面で園についての情報を渡す。a圏

___3.2　園は、入園時に、子ども・家庭・地域に関する情報（例：子どもの長所や好物、文化、祖父母等、日常生活、子育ての方針、近所のサポートなど）を求める。c圏

___3.3　園は、保護者の希望する言語でコミュニケーションをとるか、必要に応じて何かの手段（例：通訳、翻訳アプリ）を利用する。

___3.4　園は、子どもの学びと発達について話し合う集会を、働く保護者の都合に合わせて年に1回開催する。圏

4

〈よい5〉

___5.1　園は、保護者との信頼関係を築くために、入園オリエンテーションの時に3つ以上の方法を実践する。b圏

___5.2　園は、入園時に、子ども・家庭・地域に関する情報（例：子どもの長所や好物、文化、祖父母等、日常生活、子育ての方針、近所のサポートなど）を強く求める。圏

___5.3　園は、8つ以上の手段で、保護者とコミュニケーションをとる。e圏

___5.4　園は、子どもの学びと発達について話し合う集会を、働く保護者の都合に合わせて年に2回開催する。圏

6

〈とてもよい7〉

___7.1　園に、通園開始後45日以内に、新入園児の保護者と面談する仕組みがある。c d圏

___7.2　保育職員は、入園前および／または入園後の面談で共有された情報に基づいて、子どもができるだけ家庭との連続性のある生活ができるようにする。c圏

___7.3　園は12以上の手段で、保護者とコミュニケーションをとる。e圏

___7.4　保育職員と保護者の双方向コミュニケーションをサポートする仕組みがある。f圏

記：	ルールに基づいて算出された最終スコアを〇で囲んでください。
	1　2　3　4　5　6　7
	17　保護者とのコミュニケーション

注　釈

a　書面による情報には以下のものが**必要**である。
- □園の日課
- □教育・保育方針
- □保護者・子育て支援
- □保健上の留意点
- □開園時間
- □休園のお知らせ（例；休日、職員研修）
- □園のミッションまたはビジョン
- □保育料や諸費用の規定

b　オリエンテーションに含まれるものには以下の**例**がある。
- □新入園児の保護者に電話をする
- □入園にあたっての懇談会を開く
- □話す時あるいは書類での言語を決める
- □コミュニケーションについて、特定された障がい／ニーズと合理的配慮の計画について話し合う
- □職員と新しい保護者が顔合わせをする
- □新しい保護者とメンターとなる保護者を組み合わせる
- □家庭訪問
- □個別の質問機会を設ける
- □地域で利用できるサービスや子育て支援についての情報を共有する
- □その他（　　　　　　　　　　　　　）

c　入園手続きはオリエンテーションの最初のステップになる。

d　新しい保護者との面談には、以下が含まれる**必要**がある。
- □明白で具体的な証拠（　　　　　　　）
- □複数名の関与（　　　　　　　　　　）
- □明確な評価手順（　　　　　　　　　）

e　コミュニケーションの手段には、以下の**例**がある。
- □適応策（例；手話、聴覚障害者用通信装置、翻訳）
- □掲示板
- □コミュニケーションアプリ（Microsoft Teams、Google classroom など）
- □電子メール
- □クラス懇談
- □保護者懇談
- □普段の会話
- □手紙の郵送
- □お便り帳
- □ニュースレター
- □子どもにメモを持たせる
- □電話／ボイスメール
- □テキストメッセージ
- □保育職員と保護者のオンライン面談（例；Microsoft Teams、Webex、Zoom）
- □Web サイト
- □その他（　　　　　　　　　　　　　）

f　双方向コミュニケーションは、保育職員から保護者へ、または保護者から保育職員によって始まる。日々の双方向コミュニケーションをサポートするシステムには、次のものが含まれる**必要**がある。
- □明白で具体的な証拠（　　　　　　　）
- □複数名の関与（　　　　　　　　　　）
- □明確な評価手順（　　　　　　　　　）

項目18　保護者支援・家庭との連携　【注記：網掛け部分は、米国の状況に基づいている。】

〈不適切1〉

_____1.1　園は保護者への支援を行わない。a

_____1.2　保護者が参加する、園の活動がない。

_____1.3　保護者が把握している、子どもの強みやニーズが重視されない。

2

〈最低限3〉

_____3.1　園は、少なくとも4つの保護者支援を提供している。a圀

_____3.2　保護者は勉強会、特別なイベント、パーティー、遠足などに参加する。圀

_____3.3　保護者が把握している、子どもの強みやニーズが重視される。

4

〈よい5〉

_____5.1　園は、少なくとも8つの保護者支援を提供している。a圀

_____5.2　保護者は保育参加をする（例：自由遊び、本の読み聞かせ、物語の書き取り、クッキング）。圀

_____5.3　保育職員は、保育中に見られた子どもの学び・育ちについて、さまざまな方法で保護者に伝える（例：会話、ドキュメンテーション、手紙、メモ、ニュースレター）。c圀

6

〈とてもよい7〉

_____7.1　園は、少なくとも12の保護者支援を提供している。a圀

_____7.2　園の運営に関する委員会に、少なくとも1人の保護者が委員となっている。b圀

_____7.3　保護者は、子どもの園での学びにつながるような、家庭での活動を行う。d圀

記：	ルールに基づいて算出された最終スコアを〇で囲んでください。
	1　　2　　3　　4　　5　　6　　7
	18　保護者支援・家庭との連携

注 釈

【注記：網掛け部分は、米国の状況に基づいている。】

a *保護者支援*とは、園が保護者のニーズに応える
さまざまな手段を指す。支援の**例**に、以下のもの
がある。
- □保育時間外に行われるクラス懇談や面談の間の
  託児
- □絵本やおもちゃの貸し出し
- □便利なサービス（例；食事のテイクアウト、写
  真の販売）
- □地域のイベントやサービスの割引クーポン
- □夜間や週末の延長保育
- □保護者集会、セミナー、サポートグループの活
  動の支援
- □保護者への図書貸出
- □保護者メンター【訳注：相談相手】の紹介
- □食べ物や衣類の寄付
- □支援サービスについての情報提供および／また
  は紹介
- □家庭訪問
- □保護者と職員の交流
- □進級や転園への準備
- □園への送迎
- □保育料減免
- □その他（　　　　　　　　　　　　　　　）

b *運営に関する委員会*とは、園の中長期計画や方
向性を導くために複数の視点からの利益を提供す
る３人以上のグループ（例：職員、家族、企業代
表者、学区代表者、対象分野の専門家）を指す。
理事会／諮問委員会があり、園運営の優先順位を
決定する。*理事会*には、財務管理とガバナンスに
対する**追加**の責任がある（センターが非営利団体
として組織されている場合）。

c 活動の内容およびそれが子どもの学びと発達に
どのように結びついているかの説明が必要であ
る。

d 子どもの家庭での学びの*活動*には次のような**例**
がある。
- □保育室での活動のテーマにまつわる本を読み、
  子どもと話し合う。
- □子どもの学びを広げるゲームを家族で一緒にす
  る。
- □空間認識力を高めるパズルを家族で一緒にす
  る。
- □その他（　　　　　　　　　　　　　　　）

項目19 地域へのアウトリーチ

<table>
<tr><td rowspan="3">〈不適切〉
1</td><td>____1.1</td><td>園長または職員が、保育に関する専門団体・組織等に関与していない。ａ ｂ</td></tr>
<tr><td>____1.2</td><td>園長または職員が、地域のイベントに参加するのは年1回以下である。</td></tr>
<tr><td>____1.3</td><td>園は地域に対して配慮を示さない（例；駐車制限の告知、地域の見守りプログラムへの参加、食料や衣料のバザーの主催）。</td></tr>
<tr><td>2</td><td></td><td></td></tr>
<tr><td rowspan="3">〈最低限〉
3</td><td>____3.1</td><td>園長および／または職員が、保育に関する専門団体・組織等に関与している。ａ ｂ圓</td></tr>
<tr><td>____3.2</td><td>園長および／または職員が、地域のイベントに年2回以上参加している。圓</td></tr>
<tr><td>____3.3</td><td>園は、何かの形で地域に対して配慮を示す（例；駐車制限の告知、地域見守りプログラムへの参加、食料や衣料のバザーの主催）。圓</td></tr>
<tr><td>4</td><td></td><td></td></tr>
<tr><td rowspan="3">〈よい〉
5</td><td>____5.1</td><td>園長および／または職員が、保育に関する専門団体・組織等の活動に積極的に参加している。ａ ｃ圓</td></tr>
<tr><td>____5.2</td><td>園長および／または保育職員が、地域の団体・組織等の少なくとも1か所で積極的に参加している。ｃ ｅ圓</td></tr>
<tr><td>____5.3</td><td>園は、地域と良好な関係を築こうとしている（例；世代間交流の企画・実行、他の組織との協力、見本市でのブース出展や近所のパレードなどのイベントへの参加）。圓</td></tr>
<tr><td>6</td><td></td><td></td></tr>
<tr><td rowspan="3">〈とてもよい〉
7</td><td>____7.1</td><td>園長および／または職員は、過去3年間に、保育に関する専門団体・組織等で指導的な役割を果たしている。ａ ｄ圓</td></tr>
<tr><td>____7.2</td><td>園長および／または職員は、過去3年間に、地域の団体・組織等の少なくとも1か所で指導的な役割を果たしている。ｄ ｅ圓</td></tr>
<tr><td>____7.3</td><td>地域からの支援の証拠がある（例；寄付金、現物寄付、割引サービス、推薦状）。圓</td></tr>
</table>

記：	ルールに基づいて算出された最終スコアを○で囲んでください。
	1 2 3 4 5 6 7
	19 地域へのアウトリーチ

注　釈

a　*保育に関する専門団体・組織*とは、保育に関する国、都道府県、地方レベルの組織、ネットワーク、学会、教育・保育の連盟、協議会等を指す。

b　*関与*とは、園長および／または職員が、aで示した組織のメンバーであったり、地元の小学校と協力したりすることを意味する。

c　*積極的な役割*とは、各組織の定期集会に、少なくとも半分出席することを意味する。

d　*指導的役割*とは、園長および／または職員が、aで示した組織の委員会の議長や理事になる、または役職に就くなどを意味する。

e　*地域の団体・組織*とは、幼児教育・保育の分野ではない、地元の企業、市民または宗教的な組織を意味する。**例**としては、次のものがある。
　□関係企業の集会
　□商工会議所
　□寺、神社、教会
　□市町村議会
　□地域開発機関
　□フードバンク
　□地域見守り
　□国際ロータリー
　□青年会議所
　□その他（　　　　　　　　　　　　　）

項目20 会議と意思決定の共有

_{〈不適切〉} **1**
    ____1.1 園の全体会議が全くないか、年1回しかない。a
    ____1.2 職員は、園の全体会議の議題を提出することがない。a
    ____1.3 職員会議の議事録が作成されない。c
    ____1.4 職員会議の出席者に（紙または電子媒体で）議題が配付されない。e
    ____1.5 議事録に、決定事項が記録されない。c

2

_{〈最低限〉} **3**
    ____3.1 園の全体会議が、年2回ある。a圓
    ____3.2 職員は、園の全体会議の議題を提出する。a圓
    ____3.3 職員会議の議事録が作成される。c圓
    ____3.4 職員会議の出席者に（紙または電子媒体で）議題が配付される。e圓
    ____3.5 議事録に、決定事項が記録される。c圓

4

_{〈よい〉} **5**
    ____5.1 少なくとも月に1回、何かの職員会議がある（例：各年齢、各チーム、園全体）。a圓
    ____5.2 保育職員は、園の全体会議で議題を提出する。ab圓
    ____5.3 職員会議の議事録には、行動計画が含まれている。cd圓
    ____5.4 議事録には、各議題についての進行役、所要時間、記録者名が明記される。e圓
    ____5.5 議事録には、意思決定が共同であるかまたは委任されたものかが記録されている。cfg圓

6

_{〈とてもよい〉} **7**
    ____7.1 少なくとも月に2回、何かの職員会議がある（例：各年齢、各チーム、園全体）。a圓
    ____7.2 保育職員は、園の全体会議の大部分で、議事進行を行う。a圓
    ____7.3 職員会議の前に議事録が配付され、かつその後の個別の会議で行動計画が再検討される。cd圓
    ____7.4 職員会議にはガイドラインがある（例：まず理解するよう努めてから発言する、誰もが発言する権利がある、私語は慎む、意見の相違を尊重する、携帯電話を切っておく）。圓
    ____7.5 議事録には、意思決定が共同でありかつ委任されたものであることが記録されている。cfg圓

記：	ルールに基づいて算出された最終スコアを○で囲んでください。
	1 2 3 4 5 6 7
	20　会議と意思決定の共有

注　釈

a　*園の全体会議*とは、全職員が集まって行われる会議を指す。会議は研修が含まれる場合もあるが、研修は会議の主な目的ではない。

b　園の全体会議の準備には以下の**例**がある。
　□必要な資料の準備
　□各議題の進行者（ファシリテーター）
　□各議題の時間配分
　□議題の優先順位
　□議決が必要な議題かどうかの整理
　□その他（　　　　　　　　　　　　　　　）

c　*議事録*とは、議題や話し合いのプロセスを書面で記録したものである。

d　行動計画では、次のうち少なくとも３つを特定することが**必要**である。
　□完了すべき具体的な活動
　□責任者
　□必要なリソース
　□進行予定表
　□評価チェックポイント

e　*議題*とは、会議で取り上げられる事項を書面で記録したものを指す。

f　*共同的な意思決定*とは、職員が共に問題を定義および分析し、行動方針を決定することを指す。最終決定は全会一致投票（全員一致）、多数決、または合意形成によって行われる。

g　*委任された意思決定*とは、決定が職員の中のサブグループ、または特定の職員に委ねられる場合を指す。

20
会議と意思決定の共有

41

項目21 職員とのコミュニケーション

〈不適切 1〉

_____1.1 情報の伝達方法が3つ以下である。a

_____1.2 園長は、職員をサポートするにあたり、長所や強みに注目する方法について知識がない。

_____1.3 園長は、個人的な偏見に対する意識がない。c

_____1.4 園には、職員間の対立の解消の参考となるリソース（例：論文、書籍、トレーニング、ビデオ）がない。

2

〈最低限 3〉

_____3.1 情報の伝達方法が4つ以上ある。a📖

_____3.2 園長は、職員をサポートするにあたり、長所や強みに注目する方法について知識がある。

_____3.3 園長は、個人的な偏見に対する意識がある。c

_____3.4 園には、職員間の対立の解消の参考となるリソース（例：論文、書籍、トレーニング、ビデオ）がある。📖

4

〈よい 5〉

_____5.1 情報の伝達方法が7つ以上ある。a📖

_____5.2 少なくとも4つの、職員の長所や強みに注目する方法が実践されている。b📖

_____5.3 園長は、職員が個人的な偏見について振り返り、偏見が行動にどのような影響を与えるかを話し合う機会を作る。c📖

_____5.4 園には、職員間の対立の解消についての方針がある。d📖

6

〈とてもよい 7〉

_____7.1 情報の伝達方法は10以上ある。a📖

_____7.2 少なくとも6つの、職員の長所や強みに注目する方法が実践されている。b📖

_____7.3 職員は、多様性、公平性、包括性の観点から専門家としての実践を見直し、変化を促進する。📖

_____7.4 園には、対立の解消についての方針を実行する手順についての手引きがある（行動および／またはコミュニケーションの取り方）。d📖

記：	ルールに基づいて算出された最終スコアを○で囲んでください。
	1　　2　　3　　4　　5　　6　　7
	21　職員とのコミュニケーション

注 釈

a　職員とコミュニケーションをとる方法には以下の例がある。
□適応策（例：手話、聴覚障がい者用通信機器、翻訳）
□掲示板
□コミュニケーションアプリ
□Ｅメール
□個別面談
□普段の気楽な会話
□職場内メモ
□職場内ニュースレター
□郵便による手紙
□伝言帳
□電話／ボイスメール
□回覧板
□共有資料の作成（例：修正事項）
□職員会議
□ショートメッセージ
□オンライン会議（例：Microsoft Teams、Webex、Zoom）
□ビデオメッセージ
□その他（　　　　　　　　　　　　　　　）

b　職員をサポートする、長所に注目する実践には以下の例がある。
□職員が強みを発揮できるようにリソースを割り当てる（例：新任保育職員が経験のある保育職員の保育室から学べるように、保育室の配属をする）。
□個人の強みを活かして成長を促すコーチングを行う。
□オリエンテーション中に、個人の長所と興味を把握する。
□メンターシッププログラム（例；先輩職員に手当をつけ、新入職員を指導・助言する）がある。
□強みを発揮する機会（例；職員会議で強みについて発表する、保育室で実技をする）がある。
□個人の強みをパフォーマンスに結び付けるような評価のプロセスがある。
□個人の強みが成果につながるように、お互いの強みを認めあうワーク（例：感謝の言葉を張り出す、気付きの練習など）をする。
□個人の強みが活かされたことを省察できるスーパービジョンがなされる。
□強みに基づくアプローチについて学ぶためのリソース（例：論文、書籍、評価、専門能力開発）がある。
□職員会議で、強みを活かしたチームビルディ

ング活動を行う。
□その他（　　　　　　　　　　　　　　　）

c　*個人的な偏見*とは、自分自身の経験だけに基づいた思い込みをさし、その結果、別の立場、別の人、または別のグループに対して、対立するような偏見（予断）が生じることを意味する。

d　対立解消の方針とは、苦情を誰にぶつけるべきかを説明するものではない。この方針は、職場で発生した対立を解消するにあたり、上司のサポートを求める前に、同僚どうしがオープンで専門的なコミュニケーションを行い、対立解消のために協力することが望ましいとことを示す**必要**がある。

項目22　園（施設）長 【注記：網掛け部分は、米国の状況に基づいている。】

〈不適切〉1

___1.1　園長は、短期大学相当の卒業資格がないか、または大学での履修が60sh より少ない。【訳注：sh＝semester hours; 大学で単位を取得するにあたっての学期の時間数単位】
___1.2　園長は、大学の乳幼児教育・発達の課程／学科での履修が、18sh より少ない。
___1.3　園長は、大学の管理運営に関する課程／学科で履修をしていない。a
___1.4　園長の管理職経験は1年未満である。b

2

〈最低限〉3

___3.1　園長は、短期大学相当の卒業資格があるか、または大学での履修が60sh 以上ある。圀
___3.2　園長は、大学の乳幼児教育・発達の課程／学科での履修が、21sh 以上ある。圀
___3.3　園長は、大学の管理運営に関する課程／学科で履修が9 sh 以上ある。a圀
___3.4　園長は1年以上の管理職経験がある。b圀

4

〈よい〉5

___5.1　園長は学士号をもつ（4年制大学を卒業している）。圀
___5.2　園長は、大学の乳幼児教育・発達の課程／学科での履修が、24sh 以上ある。圀
___5.3　園長は、大学の管理運営に関する課程／学科での履修が15sh 以上ある。a圀
___5.4　園長は3年以上の管理職経験がある。b圀

6

〈とてもよい〉7

___7.1　園長は、修士号または他の高度な学位をもつ。圀
___7.2　園長は、大学の乳幼児教育・発達の課程／学科での履修が、30sh 以上ある。圀
___7.3　園長は、大学の管理運営に関する課程／学科での履修が15sh 以上ある。a圀
___7.4　園長は5年以上の管理職経験がある。b圀

記：		ルールに基づいて算出された最終スコアを○で囲んでください。
		1　2　3　4　5　6　7
		22　園（施設）長

注 釈

【注記：網掛け部分は、米国の状況に基づいている。】

*園（施設）長*とは、園の計画、実施、評価に主な責任を持つ個人を指す。園に４つ以上のクラスがある場合、またはフルタイム相当の子どもの合計在籍者数が60人以上の場合、現場に管理者を配置する必要がある。管理者の名称はさまざまで、ディレクター、マネージャー、コーディネーター、プリンシパルなどがある。

園で提供されるサービスの範囲と園の規模に応じて、管理職が複数名存在する場合がある。この項目の評価は、施設の長として指定された個人の資格等にのみ基づいている。

a　*管理・運営の課程／学科でのコースワーク*とは、リーダーシップ全体の３つの領域（本質的なリーダーシップ、管理上のリーダーシップ、教育上のリーダーシップ）で、以下の例に示す内容を指している。いずれか１つ以上が履修されることが**必要**である。

本質的なリーダーシップの要件
□成人の学習理論
□変革のマネージメント
□協同とチームビルディング
□文化的能力
□道義的行為
□口頭および書面によるコミュニケーション
□組織風土
□個人的および職業上の自己認識
□関係性に関するリーダーシップ（例：信頼と感謝の文化の創出、共有された意思決定の組み込み）
□システム思考
□その他（　　　　　　　　　　　　　）

管理上のリーダーシップの要件
□アドボカシー（人権擁護・主張の代弁）
□財務管理
□人材育成
□法的問題
□マーケティングと広報
□運用（リスク管理システム、施設、技術など）
□中長期計画と施設の評価
□その他（　　　　　　　　　　　　　）

教育上のリーダーシップの要件
□成人学習理論・研究の実践への応用
□児童発達理論・研究の実践への応用
□コーチングとメンタリング
□文化に配慮した教育と指導
□家族の関与（例：家族の主体性の育成、連携の促進）
□省察的なスーパービジョン
□幼児教育・保育の質を改善を目的とする、子どものアセスメントのデータの使用（例：継続的な質改善のサイクル）
□その他（　　　　　　　　　　　　　）

b　*管理職経験*とは、幼児教育・保育施設あるいは放課後児童クラブの運営計画、実施、評価の責任者の経験を指す。副施設長などの経験が含まれる場合がある。*１年間の経験*は、最低1200時間（通年で週６時間勤務）と定義される。

項目23　クラス主任　【注記：網掛け部分は、米国の状況に基づいている。】

〈不適切〉1

___1.1　短期大学相当の卒業資格がないか、または大学での履修が60sh より少ない。

___1.2　大学の乳幼児教育・発達の課程／学科での履修が12sh より少ない。

___1.3　子ども（誕生から8歳まで）の保育の経験が6か月未満である。a

2

〈最低限〉3

___3.1　短期大学相当の卒業資格があるか、または大学での履修が60sh 以上ありかつ4年制大学に在籍している。📖

___3.2　大学の乳幼児教育・発達の課程／学科での履修が21sh 以上ある。📖

___3.3　子ども（誕生から8歳まで）の保育の経験が6か月以上ある。a📖

4

〈よい〉5

___5.1　学士号をもつ（4年制大学を卒業している）。📖

___5.2　大学の乳幼児教育・発達の課程／学科での履修が30sh 以上ある。📖

___5.3　子ども（誕生から8歳まで）の保育の経験が1年以上ある。a📖

6

〈とてもよい〉7

___7.1　修士号あるいは他の高度な学位をもつ。📖

___7.2　公立のプレKで保育できる免許／資格をもつ。📖

___7.3　子ども（誕生から8歳まで）の保育の経験が3年以上ある。a📖

記：	ルールに基づいて算出された最終スコアを○で囲んでください。
	1　2　3　4　5　6　7
	23　クラス主任

注　釈

　園の人員配置によっては、クラスに複数担任が置かれる場合がある。クラス主任とは、クラスに配属され、日案作成、保護者面談、子どものアセスメント、カリキュラム作成の責任を負う、高度な専門資格（一般教育、専門的な授業のレベル、および経験を含む）を備えた個人を指す。この個人は、教育チームの他のメンバーを監督することもある。状況によりヘッドティチャー、マスターティチャー、あるいはティチャーと呼ばれる。

a　1年間の経験は、最低1200時間（学期中に1日あたり6時間の労働時間）と定義される。

データ収集手順

1. p.54の別表2／保育職員の資格等ワークシートをコピーして、クラスごとに個別のワークシートを作成します。ワークシートの上部に、園（施設）名とクラスの名前を書きます。

2. 所定の欄に、各クラスに所属する保育職員のイニシャルを記入してください。このワークシートには、各クラスごとに最大4人の職員について記入できます。

3. 各クラスに配属されている保育職員の一般教育、専門教育・訓練、経験に関する情報を記入します。

4. 項目23を完了するために、各クラスで誰がクラス主任か、担任か、補助かを確認します。クラス主任教師として指定できるのは1人だけであることに注意してください。

5. 複数クラスある場合は、p.46の項目23を追加コピーして、クラス主任の数だけ項目23のコピーがあるようにします。各クラス主任の項目23の評価を完了し、文書を確認してスコアを決定し、このスコアをp.55の別表3／保育職員の資格等全体ワークシートのA列に記入します。

6. 個々のクラス主任教師のスコアを合計し、クラス主任の数（クラスの数と同じ）で割り、項目23の平均スコアを決定します。この項目23の平均スコアを、別表3／保育職員の資格等全体ワークシートの下部に記入します。

項目24 担 任 （無回答可）【注記：網掛け部分は、米国の状況に基づいている。】

〈不適切〉1

____1.1 大学での履修が30sh より少ない。

____1.2 短期大学相当の卒業資格がないか、または大学の乳幼児教育・発達の課程／学科での履修が6 sh より少ない。 a

____1.3 子ども（誕生から8歳まで）の保育の経験が6か月未満である。b

2

〈最低限〉3

____3.1 大学での履修が30sh 以上ある。図

____3.2 短期大学相当の卒業資格と大学の乳幼児教育・発達の課程／学科での履修が6 sh 以上あるか、または大学の乳幼児教育・発達の課程／学科での履修が12sh 以上ある。 図

____3.3 子ども（誕生から8歳まで）の保育の経験が6か月以上ある。b図

4

〈よい〉5

____5.1 短期大学相当の卒業資格がある。図

____5.2 大学の乳幼児教育・発達の課程／学科での履修が21sh 以上ある。図

____5.3 子ども（誕生から8歳まで）の保育の経験が1年以上ある。b図

6

〈とてもよい〉7

____7.1 大学での履修が60sh 以上あり、かつ4年制大学に在籍している。 図

____7.2 大学の乳幼児教育・乳幼児発達の課程／学科での履修が30sh である。図

____7.3 子ども（誕生から8歳まで）の保育の経験が2年以上ある。b図

記：	ルールに基づいて算出された最終スコアを○で囲んでください。
	1　　2　　3　　4　　5　　6　　7　　無回答
	24 担　任

注　釈

*担任*とは、割り当てられたクラスで、クラス主任と責任を共有する立場にある。園の人員配置によっては、クラス主任しかいない場合もある。

a　1.2のスコアリングは以下のように行う。
①短期大学相当の卒業資格をもっていない。
②大学での乳幼児教育・発達の課程／学科での履修が 6 sh より少ない。

　　　　　①と②の両方が「はい」→1.2は　　○
　　　　　どちらかが「はい」→1.2は　　×
　　　　　どちらも「いいえ」→1.2は　　×

b　*1 年間の経験は、最低1200時間（学期中に 1 日あたり 6 時間の労働時間）と定義される。*

データ収集手順
　この項目のスコアリングをするには、クラスごとに p.54の**別表 2 ／保育職員の資格等ワークシート**を作成することが必要です。

1．p.48のコピーを担任の人数分用意します。p.54の**別表 2 ／保育職員の資格等ワークシート**をコピーして、クラスごとに個別のワークシートを作成します。ワークシートの上部に、園（施設）名とクラスの名前を書きます。

2．担任 1 人につき、p.48のコピーを用いて資料を確認して指標を評定し、各担任の項目24のスコアを決定します。

3．担任それぞれの項目24のスコアを、p.55の**別表 3 ／保育職員の資格等全体ワークシート**の B 列に転記します。

4．個々の担任のスコアを合計し、教師の数で割ることにより、項目24の平均スコアを決定します。この項目24の平均スコアを、**別表 3 ／保育職員の資格等全体ワークシート**の下部に記録します。

24

担　任（無回答可）

項目25 補 助（無回答可）【注記：網掛け部分は、米国の状況に基づいている。】

〈不適切1〉

___1.1 高校卒業に相当する資格または一般教育終了証書を持っていない。

___1.2 大学の乳幼児教育・発達の課程／学科での履修がなく、かつコースワークまたはトレーニングに参加していない。 a

___1.3 監督下で子ども（誕生から8歳まで）の保育の経験が6か月未満である。b

2

〈最低限3〉

___3.1 高校卒業に相当する資格または一般教育終了証書を持っている。資

___3.2 大学の乳幼児教育・発達の課程／学科でいくつか単位を取得しているか、またはコースワークまたはトレーニングに参加している。資

___3.3 経験者の監督下で子ども（誕生から8歳まで）の保育の経験が6か月以上ある。b資

4

〈よい5〉

___5.1 大学で9sh以上履修している。資

___5.2 大学の乳幼児教育・発達の課程／学科で6sh以上履修しているか、または短期大学卒業資格をもっている。資

___5.3 経験者の監督下で子ども（誕生から8歳まで）の保育の経験が1年以上ある。b資

6

〈とてもよい7〉

___7.1 大学で15sh以上履修している。資

___7.2 大学の乳幼児教育・発達の課程／学科で9sh以上履修しているか、または短期大学卒業資格と大学の乳幼児教育・発達の課程／学科で3sh以上履修している。資

___7.3 経験者の監督下で子ども（誕生から8歳まで）の保育の経験が2年以上ある。b資

記：

ルールに基づいて算出された最終スコアを○で囲んでください。

| 1 | 2 | 3 | 4 | 5 | 6 | 7 | 無回答 |

25 補 助

注　釈

【注記：網掛け部分は、米国の状況に基づいている。】

　*補助*とは、クラスに配置され、クラス主任やその他の担任の監督下で働く立場を指す。人員配置によっては、クラスに補助がいない場合もある。

a　1.2をスコアリングするには、次の式を使用します。
　　①短期大学相当の卒業資格をもっていない
　　②大学で乳幼児教育・発達の課程／学科での履修が6shより少ない。

　　　　①と②の両方が「はい」→ 1.2 は　〇
　　　　どちらかが「はい」→ 1.2 は　×
　　　　どちらも「いいえ」→ 1.2 は　×

b　*1年間の経験は、最低1200時間（学期中に1日あたり6時間の労働時間）と定義される。*

データ収集手順

　この項目のスコアリングをするには、クラスごとにp.54の**別表2／保育職員の資格等ワークシート**を作成することが必要です。

1．p.50のコピーを担任の人数分用意します。p.54の**別表2／保育職員の資格等ワークシート**をコピーして、クラスごとに個別のワークシートを作成します。ワークシートの上部に、園（施設）名とクラスの名前を書きます。

2．担任1人ずつにつき、p.50のコピーを用いて資料を確認して指標を評定し、各補助の項目25のスコアを決定します。

3．補助それぞれの項目25のスコアを、p.55の**別表3／保育職員の資格等全体ワークシート**のC列に転記します。

4．個々の補助のスコアを合計し、補助の数で割ることにより、項目25の平均スコアを決定します。この項目25の平均スコアを、**別表3／保育職員の資格等全体ワークシート**の下部に記録します。

25

補

助（無回答可）

別表1　園（施設）長の資格等ワークシート【米国】

　園（施設）長とは、園の計画、実施、評価に主な責任を持つ個人を指す。4つ以上のクラスがある場合、またはフルタイム相当（FTE）の子どもの合計在籍者数が60人以上の場合、現場に施設の長を配置する必要がある。施設の長の名称はさまざまで、ディレクター、マネージャー、コーディネーター、プリンシパルなどがある。

園（施設）名		園（施設）長名	
最終学歴	□高校　□短期大学　□4年制大学　□修士／博士前期課程　□博士後期課程		
一般教育	課程／学科での履修　合計（　　　　　）時間 semester hours		

乳幼児教育・発達に関する専門教育	課程／学科での履修　合計（　　　　　）時間 semester hours
管理運営に関する専門教育 a	課程／学科での履修　合計（　　　　　）時間 semester hours
管理職に関する専門資格	□有　（名称／級　　　　　　　取得年月日　　・　　・　　） □無

管理職経験年数	（　　　　年　　　月）

a　管理・運営の課程／学科でのコースワークとは、リーダーシップ全体の3つの領域（本質的なリーダーシップ、管理上のリーダーシップ、教育上のリーダーシップ）で、以下の例示に示す内容を指している。

本質的なリーダーシップの要件
- □成人の学習理論
- □変革のマネージメント
- □協同とチームビルディング
- □文化的能力
- □道義的行為
- □口頭および書面によるコミュニケーション
- □組織風土
- □個人的および職業上の自己認識
- □関係性に関するリーダーシップ（例：信頼と感謝の文化の創出、共有された意思決定の組み込み）
- □システム思考
- □その他（　　　　　　　）

管理上のリーダーシップの要件
- □アドボカシー（人権擁護・主張の代弁）
- □財務管理
- □人材育成
- □法的問題
- □マーケティングと広報
- □運用（リスク管理システム、施設、技術など）
- □中長期計画と施設の評価
- □その他（　　　　　　　）

教育上のリーダーシップの要件
- □成人学習理論・研究の実践への応用
- □児童発達理論・研究の実践への応用
- □コーチングとメンタリング
- □文化に配慮した教育と指導
- □家族の関与（例：家族の主体性の育成、連携の促進）
- □省察的なスーパービジョン
- □幼児教育・保育の質を改善を目的とする、子どものアセスメントのデータの使用（例：継続的な質改善のサイクル）
- □その他（　　　　　　　）

別表 2　保育職員の資格等ワークシート【米国】

各クラスに 1 枚を使用してください（クラスの職員数が 5 名以上の場合は複数枚）。

園（施設）名		クラス名			
	保育職員名（イニシャル）	＿＿＿	＿＿＿	＿＿＿	＿＿＿
	役　割*	＿＿＿	＿＿＿	＿＿＿	＿＿＿
最終学歴	高校	☐	☐	☐	☐
	短期大学	☐	☐	☐	☐
	4 年制大学	☐	☐	☐	☐
	修士／博士前期課程	☐	☐	☐	☐
	博士後期課程	☐	☐	☐	☐
一般教育	・課程／学科での履修				
	合計（　　　）時間 semester hours	＿＿＿	＿＿＿	＿＿＿	＿＿＿
	・現在 4 年制大学の学位を取得中	☐	☐	☐	☐

保育職経験年数	年	＿＿＿	＿＿＿	＿＿＿	＿＿＿
	月	＿＿＿	＿＿＿	＿＿＿	＿＿＿

＊役　割

クラス主任

クラス主任とは、クラスに配属され、日案作成、保護者面談、子どものアセスメント、カリキュラム作成の責任を負う高度な専門資格を備えた個人を指す。

担　任

担任とは、割り当てられたクラスで、クラス主任と責任を共有する立場にある。園の人員配置によっては、クラス主任しかいない場合もある。

補　助

補助とは、クラスに配置され、クラス主任やその他の担任の監督下で働く立場を指す。園の人員配置によっては、クラスに補助がいない場合もある。

別表 3　保育職員の資格等全体ワークシート【米国】

園（施設）名		実施年月日　　　　・　　・　（　　曜）	

クラス名	A クラス主任 項目23スコア	B 担　任 項目24スコア	C 補　助 項目25スコア
1	＿＿＿＿＿＿＿	＿＿＿＿＿＿＿	＿＿＿＿＿＿＿ ＿＿＿＿＿＿＿ ＿＿＿＿＿＿＿
2	＿＿＿＿＿＿＿	＿＿＿＿＿＿＿	＿＿＿＿＿＿＿ ＿＿＿＿＿＿＿ ＿＿＿＿＿＿＿
3	＿＿＿＿＿＿＿	＿＿＿＿＿＿＿	＿＿＿＿＿＿＿ ＿＿＿＿＿＿＿ ＿＿＿＿＿＿＿
4	＿＿＿＿＿＿＿	＿＿＿＿＿＿＿	＿＿＿＿＿＿＿ ＿＿＿＿＿＿＿
5	＿＿＿＿＿＿＿	＿＿＿＿＿＿＿	＿＿＿＿＿＿＿ ＿＿＿＿＿＿＿ ＿＿＿＿＿＿＿

A 合計 ☐　　　B 合計 ☐　　　C 合計 ☐

÷　　　÷　　　÷

人数 ☐　　　人数 ☐　　　人数 ☐

=　　　=　　　=

項目23 平均スコア ☐　　　項目24 平均スコア ☐　　　項目25 平均スコア ☐

別表4　保育リーダーシップ評価スケール PAS 項目スコア一覧

園（施設）名	実施年月日　　　・　　・　　（　曜）

〈説明〉

　このフォームを使用して項目スコアから、合計 PAS スコアと平均 PAS 項目スコアを計算します。

・表示されたスペースに各項目のスコアを入力します。

・すべての項目のスコアを合計し、その値を合計 PAS スコアのスペースに入力します。

・合計 PAS スコアを項目の合計数で割ります（合計の最小値は21、つまり園が項目11、12、24、および25を無回答としてスコア付けしたかどうかによる）。結果として得られる数値が平均 PAS 項目スコアです。

項　目	スコア
1．採用手続きと新任研修	_____
2．スーパービジョンとパフォーマンス評価	_____
3．職員の専門能力開発	_____
4．給　与	_____
5．福利厚生	_____
6．職員配置と時間配分	_____
7．施設管理	_____
8．リスク管理	_____
9．マーケティングと広報	_____
10．ICT	_____
11．スクリーニングとニーズの特定	_____
12．学びを支援するアセスメント	_____
13．予算計画	_____
14．会計処理	_____
15．中長期計画	_____
16．評価と継続的改善	_____
17．保護者とのコミュニケーション	_____
18．保護者支援・家庭との連携	_____
19．地域へのアウトリーチ	_____
20．会議と意思決定の共有	_____
21．職員とのコミュニケーション	_____
22．園（施設）長	_____
23．クラス主任	_____
24．担　任	_____
25．補　助	_____

項目スコアの合計　[　　　] ÷ [　　　] = [　　　]

　　　　　　　　合計　　　　　項目数　　　平均
　　　　　　　PAS スコア　　　　　　　　PAS 項目
　　　　　　　　　　　　　　　　　　　　スコア

別表5　保育リーダーシップ評価スケール PAS 全体プロフィール

園（施設）名		実施年月日		・　　・　　（　　曜）				

サブスケール	項　目	1	2	3	4	5	6	7
1　人的資源	1．採用手続きと新任研修							
	2．スーパービジョンとパフォーマンス評価							
	3．職員の専門能力開発							
2　人件費と配分	4．給　与							
	5．福利厚生							
	6．職員配置と時間配分							
3　オペレーション	7．施設管理							
	8．リスク管理							
	9．マーケティングと広報							
	10．ICT							
4　子どものアセスメント	11．スクリーニングとニーズの特定							
	12．学びを支援するアセスメント							
5　財務管理	13．予算計画							
	14．会計処理							
6　組織の成長と発展	15．中長期計画							
	16．評価と継続的改善							
7　家庭・地域とのパートナーシップ	17．保護者とのコミュニケーション							
	18．保護者支援・家庭との連携							
	19．地域へのアウトリーチ							
8　関係づくりのリーダーシップ	20．会議と意思決定の共有							
	21．職員とのコミュニケーション							
9　職員の資格等	22．園（施設）長							
	23．クラス主任							
	24．担　任							
	25．補　助							

合計 PAS スコア ＿＿＿＿＿　÷　項目数 ＿＿＿＿＿　＝　平均 PAS 項目スコア ＿＿＿＿＿

＊小数点第3位四捨五入

検査法としてのPAS

検査法の特質

　PASの開発は、次の7つの検査法としての特質を満たすように行われた。

　1. 幼児教育・保育分野に特徴的な管理運営の慣行を測定する。
　2. 管理運営の質の高低を区別する。
　3. どのような運営主体や形態（例：営利、非営利、半日、全日、宗教団体、軍施設、ヘッドスタート、州の就学前教育）でも使用できる。
　4. 園（施設）の規模にかかわらず適用できる。
　5. スケール項目間の良好な内的整合性を示す。
　6. 検者間信頼性の良好な信頼性を示す【訳注：訓練を受けたアセッサーであれば、誰でも同じような評定結果が出せる】。
　7. 保育の質の取り組みにつながる、組織の管理運営の質の向上の取り組みをサポートするために、スコアリングが容易で、わかりやすいプロフィールを作成できる。

基準サンプル

　著者らは、PASの信頼性と妥当性に関する 3 つの研究を実施した。サンプル＃1では、2003年にイリノイ州の67の幼児教育・保育施設（以下、センター）から収集されたデータを用いた。サンプル＃2では、2006年から2009年の間に、25州564のセンターから収集されたデータを用いた。サンプル＃3では、2011年から2020年の間に、31州及びワシントンDCの693のセンターから、PAS第2版を使用してデータが収集された。

サンプル＃1

　イリノイ保育資源紹介機関ネットワーク（INCCRRA）は、クック（シカゴ）、クック（郊外）、ジャクソン、マディソン、マクリーン、ウィネベーゴにある全センターの、連絡先情報・定員・NAEYC【訳注：National Association for Education of Young Children 全米乳幼児教育協会】認証状況・および公的助成に関するデータを記載したリストを作成していた。そのリストから、州の都市部、郊外、州の地理的条件を代表させるサンプルが選択された。

　メトロポリタン・シカゴ・インフォメーションセンター（MCIC）は、INCCRRA情報を取得し、センターのNAEYC認証状況（認証なし／認証あり）とセンターの定員規模（小規模／中規模／大規模）に基づいてサンプル枠を作った。次に、州の地理的特性を代表した176のセンターの中から124のセンターにランダムに連絡を取り、PASの信頼性と妥当性の研究への参加の可否を打診した。67のセンターから参加への同意があり、現場管理者との面談が予定された。

　サンプル＃1のセンターの定員の平均は102人で、週10時間以上働くスタッフを平均17人雇用していた。67のセンターのうち32か所（48%）は、NAEYCの認証があった。運営主体については、約3分の2（67%）は非営利で、3分の1は営利であった。非営利22か所がヘッドスタートの助成

金を受け、5か所は宗教団体が資金提供をしていた。

サンプル#2

　サンプル#2のPAS評価は、全国PASアセッサー認定課程の一部として実施された。4日間のトレーニングの後、全国のアセッサーは86%以上の検者間信頼性を達成した。564件のPAS評価のデータは、信頼性トレーニングの完了から4か月以内に、認証審査基準を満たした評価から収集された。PAS項目のデータはすべてのセンターから収集されたが、センターについての情報が欠けているものがあった。12のセンターについては定員とNAEYC認証状況に関するデータが欠けていた。68のセンターについては、設置主体や助成金に関する情報が収集されていなかった。

　サンプル#2のセンターの定員の平均は90人で、平均して週に35時間、64人の子どもを保育している。週10時間以上働くスタッフを平均14人雇用していた。運営主体については、約3分の2（69%）が非営利で、3分の1は営利であった。35%はヘッドスタートの助成金を受け、36%は州の就学前教育資金を受け、23%は宗教団体と提携していた。

サンプル#3

　サンプル#3のPAS評価は、2011年から2020年にかけて全国PASアセッサー認定過程の一部として実施された。アセッサーは5日間のPAS第2版のトレーニングを受け、全国のアセッサーは86%以上の検者間信頼性を達成した。評価のデータは、信頼性トレーニングの完了から4か月以内に、認証審査基準を満たした評価から収集された。サンプル#3のPASデータには、31の州とコロンビア特別区を代表する693のセンターが含まれていた。PAS項目に関するデータはすべてのセンターで収集されたが、センターについての情報が欠けているものがあった。1つのセンターについては定員、2つのセンターについてはNAEYC認証状況、15のセンターについては運営主体や助成金に関する情報が収集されていなかった。

　センターの登録定員は8人から430人の範囲で、平均は92人、中央値は78人であった。平均して、フルタイムで54人の子どもが在籍し、パートタイムで24人の子どもが在籍していた。センターは週10時間以上働くスタッフを平均15人雇用していた。サンプル#3のセンターの13%はヘッドスタートの資金提供を受け、22%は州立幼稚園の資金提供を受け、19%は宗教団体と提携していた。半分強（55%）は非営

表1　規模別のセンターの分布とNAEYC認証状況　サンプル#3（n=691）

認定状況	施設規模						合計	
	小		中		大			
	n	%	n	%	n	%	n	%
未認証	183	83	200	84	204	87	587	85
認証	37	17	37	16	30	13	104	15
合計	220	100	237	100	234	100	691	100

注：小規模は定員60人未満、中規模は定員60人以上100人未満、大規模は定員100人以上。

表2　センター運営形態別の分布　サンプル#3（n=678）

種類	n	%
非営利	382	56.3
大学または大学関連施設付設	27	4.0
社会福祉機関または病院と提携	63	9.3
非営利、民間、独立系	217	32.0
連邦政府、州政府、または地方自治体が後援	62	9.1
公立学校	13	1.9
営利	296	43.7
私立またはパートナーシップ	224	33.0
企業またはチェーン（例；KinderCare, La Petite Academy）	64	9.4
企業のスポンサー（例；Bright Horizons）	8	1.3
合計	678	100

利であり、43% が営利であった。

　表1は、サンプル＃3のセンターの規模とNAEYC認証状況による分布を示している。表2
は、センターの運営形態別のサンプルの分布を示している。

信頼性と妥当性

内容の妥当性

　最初にPASの内容の妥当性が確立されたのは2003年であった。10人の保育の専門家による委員
会が、集団保育のリーダーシップと管理運営の重要な要素が指標・項目・サブスケールに確実に表
現されていることを確認した。委員はPASを試用し以下の点について検討した。

・各サブスケールの下の項目はサブスケールを適切に説明しているか
・各項目の下の指標は各項目を適切に表しているか
・指標は質が低いものから高いものに、段階的に上がっていくように適切に示されているか
・項目とサブスケールの表現は、内容を適切に反映しているか

　10人の専門委員による内容評価の他、10人の管理職、コンサルタント、トレーナーから非公式に
批評を受けた。それにより、PASの表現とレイアウトに複数の改良が加えられた。重複した指標
が削除され、データ収集の手順が合理化された。

　2004年のPAS初版発行、2011年の第2版発行以来、各地のセンターでPASが実施され、管理職
と面談をしたアセッサーからのフィードバックに基づき、指標の注釈にさらなる改良が加えられ
た。それにより、幼児教育・保育分野の質の高いリーダーシップの実践がさらにわかりやすいもの
となっていった。

記述統計

　表3は、PAS第2版の7点法による25項目のスコアの平均値と標準偏差を示している。これら
25項目は、81の指標ストランドより構成されている。

　表3にあるPASスコアの合計とは、項目のスコアの平均値の合計である。10のサブスケール
は、項目をクラスタ分析するための便宜的な題目としてのみ使用され、組織の有効性を示す個別の
指針としては使用されなかった。そのため、サブスケールの平均スコアは、改善の取り組みとして
一般化できるプロフィールには含まれていない。

　サンプル＃3ではPAS項目スコアの平均値は3.40、中央値は3.32、標準偏差は1.12 であった。
PAS項目スコアの平均値の歪度と尖度はそれぞれ.31と−.63で、多変量正規分布を示す許容範囲
（−2と＋2）内に十分収まった。さらに、サンプル＃3に使用されたデータの分布は正規分布に近
く、データの大部分が対称で平均を中心とした釣鐘型の分布となることを示した。

　ここで、NAEYC認証を受けているセンターの割合は全国的には6％であるが、サンプル＃3で
は15％と全国平均の2倍以上であることに注意しなくてはならない。表3のPASスコアの合計と
個々の項目スコアの平均値は、サンプル＃3は比較的質の高いセンターの集団であることを反映し
ている。

　データはPASアセッサー認定課程で行われた評価の結果から得られたものであるため、サンプ

ル#1、#2、#3のほとんどのセンターは、評価に先立ってスケールの実物を受けとっていない。これにより、各サンプルのPASスコアの合計と項目スコアの平均値が確実に低下した。PASが実際に使用されるときは（質評価および改善システムなど）、センターはスケールの実物を手にして必要な文書の準備を整えるため、〈不適切〉となる項目が減少する。

表3　PAS第2版項目スコアの平均値と標準偏差　サンプル#3（*N*＝693）

No.	項　目	ストランド	*M*	*SD*
人的資源				
1	新任研修	3	3.32	2.04
2	スーパービジョンとパフォーマンス評価	3	3.23	2.05
3	職員の専門能力開発	3	3.56	2.22
人件費と割り当て				
4	給与	3	2.22	1.78
5	福利厚生	5	1.61	1.36
6	職員配置と時間配分	4	3.17	2.06
オペレーション				
7	施設管理	3	4.65	2.28
8	リスク管理	4	3.01	1.98
9	内部コミュニケーション	5	2.19	1.80
子どものアセスメント				
10	特別なニーズを特定するスクリーニング	3	3.65	2.55
11	学びをサポートするアセスメント	2	4.18	2.37
財務管理				
12	予算計画	3	3.46	2.33
13	処理	3	3.23	2.33
組織の計画と評価				
14	組織の評価	3	2.89	2.28
15	中長期計画	2	2.45	2.12
保護者との連携				
16	保護者とのコミュニケーション	4	3.54	2.22
17	保護者支援・連携	3	5.19	1.71
マーケティングと広報				
18	外部とのコミュニケーション	3	4.29	1.75
19	地域社会との連携	3	3.73	2.10
テクノロジー				
20	テクノロジーの資源	2	6.44	1.35
21	テクノロジーの活用	3	4.13	2.04
職員の資格等				
22	園（施設）長	5	2.35	1.59
23	クラス主任	3	2.64	1.46
24	担任	3	2.66	1.84
25	補助	3	2.75	2.01
	PASスコア合計	81	84.53	49.59

内的整合性

PASの内的整合性は、クロンバックのアルファ係数の計算によって決定された。合計のアルファ係数は、サンプル#1で.85、サンプル#2で.86、サンプル#3で.90であり、PASが項目間で高い内的整合性を確立および維持していることを示している。

サブスケールの特徴

幼児教育・保育施設の管理運営の側面で10個のサブスケールについての相関関係を調べた。サブスケール相互相関の範囲はサンプル#1では.09~.63、サンプル#2では.04~.72、サンプル#3では.23~.61であった。これらの分析により、ほとんどの部分において、サブスケールが組織運営の明確な特性を測定していることが確認される。表4は、サンプル#3のピアソンの積率相関係数 r の分析の結果を示している。

表4　サブスケールの相関関係　サンプル#3

サブスケール	2	3	4	5	6	7	8	9	10
1．人的資源	.45*	.61*	54*	.42*	.60*	.53*	.48*	.42*	.28*
2．人件費と割り当て	-	.48*	.49*	.48*	.48*	.50*	.40*	.37*	.36*
3．オペレーション		-	.45*	.40*	.55*	.51*	.45*	.40*	.34*
4．子どもの評価			-	.38*	.46*	.60*	.39*	.36*	.41*
5．財務管理				-	.49*	.41*	.44*	.33*	.28*
6．組織の計画と評価					-	.53*	.46*	.35*	.35*
7．保護者との連携						-	.49*	.38*	.44*
8．マーケティングと広報							-	.37*	.27*
9．テクノロジー								-	.23*
10．職員の資格等									-

注：* = $p < 0.001$

項目の相関関係の係数もピアソンの r の相関係数にて算出した。これらの係数の範囲は、サンプル#1では.02~.78、サンプル#2では.01~.58、サンプル#3では.04~.62であり、PASの個々の項目が、組織運営の多少異なるが関連する特性を測定していることが確認される。

検者間信頼性

アセッサーの項目スコアがPAS至適基準者の項目スコアとどの程度一致するかが、5日間のトレーニング中に決定された。全体の面接手順のビデオを用い、アセッサーの項目スコアがPAS至適基準者のスコアと1ポイント以内の範囲で一致した割合が出された。収集したデータから得られた認定アセッサー全員に対する検者間信頼性は86%以上であった。

質の差の区別

PASがセンターの質を適切に区別しているかどうかを判断するために、独立した t 検定と分散分析の方法が採用された。NAEYC認証の状況が、センターの保育の質の尺度として使用された。NAEYC認証を得ているセンターは、認証のないセンターより質が高いとみなされた。まず、独立した t 検定を使用して、サンプル#3の認証センターと非認証センター間のPAS項目スコアの平均値の違いを調べた。その結果、認証センター（$M = 4.10$, $SD = 1.01$）、非認証センター（$M = 3.27$,

表 5 　NAEYC 認証プログラムの最高得点
　　　 PAS 第 2 版項目　サンプル ＃ 3
　　　（ N ＝ 105 ）

項　　目	認　　証	
	M	SD
テクノロジーの資源	6.69	1.14
保護者支援・連携	6.04	1.41
アセスメント	5.39	1.95
施設管理	5.26	2.09
保護者とのコミュニケーション	4.82	1.90
外部とのコミュニケーション	4.66	1.62

$SD = 1.09$）となった。この差は t（690）＝ -7.30、p ＝ .000 で有意であり、大きな効果量（$d = .80$）を表した。表 5 は、NAEYC 認証センターでスコアの高い 6 項目を示している。

　分散分析の結果は、NAEYC 認証センターと非認証センターの PAS スコアの合計を比較することによって、質を区別できるという命題をさらに裏付けた。サンプル ＃ 3 の認証センターは、非認証センターよりも有意に高い PAS スコアの合計を示した（$M = 94.54$、$SD = 23.67$; $M = 76.30$、$SD = 25.73$）、F（1,690）＝ 45.85、p ＝ .000。同様の結果は、サンプル ＃ 1 （$M = 92.12$ 対 $M = 72.06$）およびサンプル ＃ 2 （$M = 85.68$ 対 $M = 73.18$）の分析でも明らかになった。センターの情報として保育職員に副担任や補助が含まれていないケースもあったので、分散分析の PAS スコアの合計は 23 項目（理論上のスコア合計の範囲は 23 ～ 161）に基づいた。総合すると、これらの結果は、PAS が質のレベルでセンターを適切に区別できることの裏付けとなる証拠を提供している。

　また、分散分析を使用して、センターの定員規模により PAS のスコアが異なるかどうかを判断した。サンプル ＃ 1 では、25 項目のうち 23 項目について、定員規模（小、中、大）に基づく統計的に有意な差がないことがわかった。サンプル ＃ 2 の結果は多少異なり、大規模（$M = 83.57$）と中規模（$M = 77.06$）では PAS スコアの合計に有意な差があり、センター全体の PAS スコアの合計は小規模センター（$M = 74.03$、$F = 5.77$、$p < .01$）よりも大幅に高かったことを示している。サンプル ＃ 3 の結果は、サンプル ＃ 1 の結果とより厳密に一致しており、小規模（$M = 81.85$、$SD = 25.84$）、中規模（$M = 80.51$、$SD = 26.69$）、または大規模（$M = 85.92$、$SD = 29.23$）、F（2,689）＝ 2.51、$p = 0.08$ であった。さらに、PAS 項目スコアの平均値は、小規模（$M = 3.38$、$SD = 1.05$）、中規模（$M = 3.30$、$SD = 1.10$）、または大規模（$M = 3.51$、$SD = 1.12$）、F（2,689）＝ 2.02、$p = .14$ となり、有意差は見つからなかった。これらの結果は、PAS が定員規模に基づく偏りを示さないという前提を裏付けている。

　センターの他の特性が PAS 項目スコア平均にどのような影響を与えるかを判断するために、サンプル ＃ 3 についても分析が行われた。具体的には、ヘッドスタート助成金、州のプレ K 助成金、およびセンターの種別は平均スコアにどのような潜在的な影響を与えるかについて調査された。

　独立した t 検定の結果は、ヘッドスタート助成金のあるセンター（$M = 4.04$、$SD = 1.13$）、助成金のないセンター（$M = 3.30$、$SD = 1.09$）の間で、t（691）＝ -6.05、$p = .000$ と、PAS 項目スコアの平均値に有意な差があることを示した。これは中程度の効果量（$d = 0.66$）を示している。

　プレ K 助成金の有無については、PAS 項目スコアの平均値には大きなばらつきがあり、助成金のあるセンターのスコアは（$M = 3.95$、$SD = 1.05$）、助成金のないセンター（$M = 3.24$、$SD = 1.09$）よりも t（691）＝ -7.06、$p = .000$ と、平均値で高かったことが示された。これは中程度の効果量（$d = .65$）を示している。

　最後に、PAS 項目スコアの平均値はセンターの種別によって異なるかどうかを判断するために、再度 t 検定が使用された。非営利センターの PAS 項目スコアの平均値（$M = 3.68$、$SD = 1.07$）は、営利センター（$M = 3.05$、$SD = 1.09$）よりも、t（676）＝ -7.57、$p = .000$ と、大幅に高いことが明らかになった。これは中程度の効果量を示している（$d = .59$）。

併存的妥当性

　　PAS の併存的妥当性は、以下のように検証された。表6 が示すように、ECERS-R【訳注：*Early Childhood Environment Rating Scale-Revised* ＝邦訳『保育環境評価スケール①幼児版』】のサブスケール「家庭との連携」・ECWES【訳注：*Early Childhood Work Environment Scale* 保育労働環境調査】のサブスケール「専門的成長」のスコアの両方と、PAS の各サブスケールの中程度の相関関係は、PAS が組織の質の特徴に重複することなく関連していることを示している。

　　信頼性と妥当性の検証の結果は、PAS が検査法としての7つの要件をすべて達成し、関連する管理運営の測定尺度として認められることを示している。NAEYC 認証状況との相関はセンターの質の高低を区別できることを示している。運営主体、規模にかかわらず適用が可能であり、内的整合性・検者間信頼性とも良好である。スコアリングが容易であり、保育の質の向上をサポートするツールとして使用できる。

表6　PAS 第2版サブスケールと ECERS-R サブスケール「家庭との連携」・ECWES サブスケール「専門的成長」との相関関係　サンプル＃1（*N* ＝67）

PAS サブスケール	ECERS-R	ECWES
人的資源	.33	.42
人件費と割り当て	.45	.42
オペレーション	.33	.32
子どものアセスメント	.29	.05
財政管理	.47	.40
組織の計画と評価	.36	.24
保護者との連携	.34	.43
マーケティングと広報	.10	.05
テクノロジー	.32	.38
スタッフの資格	.26	.35
PAS 合計	.53	.52

関連研究

　PAS は、集団保育の管理運営の質の評価、QRIS、州の専門能力開発および施設長資格認定システムの評価といった数多くの研究で使用されている。以下、いくつかの研究を紹介する。PAS の予測的妥当性の証拠を提供し、質の測定、改善のモニタリング、および組織が変化していく実践の目安となる手段としての有用性が確認される。

研究＃1

　Lower と Cassidy（2007）は、センターの管理運営、組織風土に対する職員の認識、保育室で行われている保育の質、これら3つの関係を評価するために、ノースカロライナ州の30センターを対象に調査を実施した。PAS により管理運営の質を評価し、ECWES（保育労働環境調査）により組織を評価し、各センターで2クラスが ECERS-R で観察されて保育の質が評価された。

　PAS の内的整合性は .88、項目スコアの中央値は2.87〜5.19の範囲であった。ECERS-R の内的整合性は .83、スコアは3.90〜6.00の範囲であった。データ分析の結果、センターでのリーダーシップと管理運営の動的な関係、組織風土にみる職場環境に対する保育者の認識、そしてそれらの変数が子どもが経験する保育室での実践とどのように関連しているかが判明した。PAS によって測定されたセンターの管理運営の質は、保育室で行われる保育の普遍的な質に大きく関係していた。ピアソンの *r* 相関により、PAS スコアと ECERS-R スコアの間に統計的に有意な中程度の相関関係が明らかになった（*r* ＝ .29、*p* ＜ .05）。また、研究者らは施設長が学士号を取得しているセンターの方が（*M* ＝3.24）、施設長が学士号を取得していないセンター（*M* ＝2.49）よりも PAS のスコアが有意に高かったことも明らかにした。この研究は、センターの管理運営と組織風土が保育室での環境の質に関連する重要な変数であることを示唆している。

研究＃2

　ナショナル・ルイス大学のマコーミック保育リーダーシップセンター（MCECL）は、シカゴ家族支援サービス局と協力して、ヘッドスタートプログラムの管理運営が保育の質にどのように関連しているかを調査した（MCECL, 2010b）。この調査では、ヘッドスタートプログラムのセンターの施設長の資格を調べ、センターの管理運営の質や保育環境の質にどのように関連しているかを明らかにした。PASが管理運営の質の尺度として、ECERS-Rが保育の質の尺度として使用された。2006年にシカゴの ヘッドスタートプログラムの138センター、452クラスからデータが収集された。より高いPASスコアがより高いECERS-Rスコアを予測するかどうかを知るために、保育時間の長さ、保育者数、年間離職率、クラス主担当の資格、および定員数をコントロールした重回帰分析が実施された。このサンプルのPASスコアの平均値は3.42、範囲は1.58～5.88、ECERS-Rの平均スコアは4.20、範囲は2.41～6.12であった。分析の結果、管理運営の質がヘッドスタートプログラムの保育の質の分散の26％を占め（$r=3.62$、$p=.0001$）、PASによって測定された管理運営の質は、子どもが保育室で受ける保育の質に大きな影響を与えることが明らかになった。

　施設長の資格に関する2番目の設問に対処するために、保育者の資格を除くすべてのPAS項目を使用してPAS合計スコアが算出された。次に、施設長の資格とPASスコアのさまざまな側面の間で相関関係を調べた。相関関係により、施設長に関し、修士号の取得（$r=.22$、$p<.01$）・管理運営に関する科目をより多く履修（$r=.20$、$p<.01$）・過去3年間に専門性を活かしたより多くの社会的貢献（$r=.25$、$p<.01$）の3つの要件が、より質の高い管理運営と関連することが明らかになった。

　最後に、研究者らは、PASによって測定された施設長の資格とECERS-Rによって測定された保育室の環境の質との関係に特に注目した。分析の結果、施設長に関して、学士以上の学位の取得（$r=.22$、$p<.01$）・24sh以上の乳幼児教育・発達に関する科目の履修（$r=.19$、$p=.02$）・過去3年間に4つ以上の社会的貢献（$r=.20$、$p=.01$）の3つの要件が、より高い保育室での環境の質と関連することがわかった。

研究＃3

　2006年、コロンビア大学ティーチャーズカレッジの全国子ども家族センターの研究者は、ニューヨーク市の公的資金で運営されている全センターで使える業績総合測定共通システムを提案するよう委託された（Kagan et al., 2008）。パイロット研究の一部として、PASとECERS-Rが使われた。サンプルとして、ヘッドスタート・地域ベース・プレKの合計37のセンターから130クラスが抽出された。

　結果として、35のセンターのPASスコアの平均値は3.87、範囲は2.28～5.28であった。サンプル内のヘッドスタートは、PASスコアの平均値4.59で最も高いスコアを獲得した。地域ベースのスコアは最も低く、PASスコアの平均値は3.34であった。分析の結果、PASとECERS-Rのスコアに相関関係があることが示された（$r=.52$、$p<.01$）。

　2つのスケールが異なる質を測定することを示すために、因子分析が採用された。分析からは2つの主要な要素が明らかになった。最初の要素にはECERS-Rの項目のみが含まれ、2番目の要素にはPASの項目のみが含まれ、これら2つのスケールがセンターの質の異なる要素を捉えていることが明らかになった。研究者らは、ニューヨーク市の業績総合測定共通システムで両方のスケールを使用することを推奨した。センターの管理運営と保育室での保育の質の両方が、センターが適切に機能するための重要な要素である。

研究 # 4

　アーカンソー州の専門能力開発の評価支援システムは、KeyStone Research Corporation に委託し、自分達がサポートしたセンターの質を PAS によって評価した（Miller & Bogatova, 2007）。トレーニングを受けた PAS アセッサーが、169のセンターからデータを収集した。

　評価の結果、PAS は、最低限のライセンス要件を満たすセンター、州の認定基準を満たすアーカンソー州質承認（QA）センター、州のプレ K 基準を満たすアーカンソーベターチャンス（ABC）のセンターという 3 段階で管理運営の質について差があることが示された。

　PAS の25項目のうち24項目のスコアが、QA および ABC のセンターで、最低限ライセンス基準のセンターを上回った。 QA かつ／または ABC のセンターの PAS スコアの平均値は4.47で、最低限ライセンス基準のセンターの PAS スコアの平均値は3.12であった（p ＜ .001）。この研究では、非営利と営利のセンターで、PAS スコアに統計的に有意な差があることもわかった（p ＜ .001）。

研究 # 5

　マコーミック保育リーダーシップセンターは、イリノイ Great START（＝Strategies to Attract and Retain Teachers）賃金補填イニシアチブの助成金を利用しているセンターの特徴を調査した（MCECL, 2007）。イリノイ州福祉省（IDHS）の管轄する40のセンターが抽出され、うち20は Great START 資金の利用率が高く、20はこれらの資金の利用率が低いか、利用していなかった。40のセンターの70クラスの保育室での環境の質が ECERS-R で測定され、40のセンターのリーダーシップと管理運営の質が PAS で測定された。

　データ分析の結果、ECERS-R で測定された保育室での環境の質のレベルに明らかな違いがあった。Great START 資金の利用率が高いセンターでは、保育室での環境の質がより高いことがわかった（p ＜ .05）。PAS の25項目のうち22項目につき、PAS 合計のスコアと PAS 項目スコアの平均値では、Great START 資金の利用率が高いグループと低いグループの間で運営管理の質に顕著な差が見られた。利用率が高いグループは一貫してリーダーシップと運営管理の質がより高いことを示した。 2 つのグループの間で、給与、特別なニーズを特定するスクリーニング、中長期計画、クラス主任（の資格）、および補助（の資格）の 5 つの項目で、統計的に有意な差（p ＜ .05）があった。

研究 # 6

　ケンタッキー大学人間開発研究所は、ケンタッキー州専門能力開発フレームワークが保育の質と子どもに与える影響を調査した（Rous et al., 2008）。専門能力開発システムの有効性と、保育の質に影響する組織的要因について、研究者や州の政策立案者への情報を目的として、データ収集に PAS を含めいくつかの手段が用いられた。サンプルは、ヘッドスタート、チャイルドケア、公立プレ K を含む227のセンターである。

　フレームワークに参加した保育者の能力に影響を与える要因は何か調査したところ、当該保育者が所属するセンターの施設長は PAS の職員の専門能力開発の項目でかなり高スコアであった（t＝ 2.67、p ＜ .01）。参加保育者は、施設長からのより強いサポートを感じていた。フレームワークに参加し、その中で保育者が受けたいトレーニングを自己選択した時、そのトレーニングの数が ECERS-R と ELLCO【訳注：*Early Language and Literacy Classroom Observation* 保育室幼児言語読み書き能力観察法】のスコアに大きく影響していた。

　データ分析の結果は、PAS の「職員の専門能力開発」項目と ELLCO（r＝ .28、p ＜ .01）および

ECERS-R（$r = .20$、$p < .05$）との間の統計的に有意な関係を明らかにした。同様の有意な関係が、PASの「スーパービジョンとパフォーマンス評価」項目およびELLCOのリテラシー環境チェックリスト（$r = .20$、$p < .05$）とECERS-Rスコア（$r = .20$、$p < .05$）の間にも明らかに見られた。

研究＃7

　2008年に創設されたテネシー保育施設管理者認証では、施設長研修を行い、学業・経験・ポートフォリオ評価の成績審査で効果的なリーダーシップと管理運営の能力を実証した施設長に認証を与える。テネシー州立大学先端学習科学センターが毎年の審査に当たっている。認証研修の前後で当該施設長のセンターの質がどう変化したかを測定するために、PASが用いられる（職員の資格のサブスケールは、情報が別の所で収集されるため、評価データには含まれない）。

　2009-2010年の評価の結果では、認証修了者の93％と一部修了者の100％が、PASがセンターの成長をサポートする有益なツールであると感じていることが実証された。PASの項目別で見ると、「福利厚生」が0.02ポイント、「新任研修」が3.00ポイント、項目の平均では1.81ポイント改善された。最も重要な変化は、認証研修に含まれるトピックに関連したものであった（Mietlicki, 2010）。

研究＃8

　アーカンソー大学包摂的コミュニティパートナーは、州のQRISである"Better Beginnings（以下、BB）"の評価を実施した（McKelvey et al., 2010）。PASは、BBで質評価の際に必ず使用される。なお、〈サブスケール・職員の資格等〉の4項目はBBでは除外している。また、項目5「福利厚生」と項目6「職員配置と時間配分」も評定されるが、センターの総合スコアにはカウントされない。

　アーカンソー州保育専門性開発システムで収集されたデータを使用し、PASの元スコアとBBでのPAS（以下、BB/PAS）のスコアを比較した。その結果、ERS（保育環境評価スケール）、CISとの相関関係が、PAS元スコアよりもBB/PASスコアの方が弱かった【訳注：CIS = Arnett Caregiver Interaction Scale　保育者相互作用尺度】。PAS元スコアは、子どもの認知発達と学校への準備をサポートする保育者の行動に大きく関連していたが（$p < .01$）、BB/PASスコアではその関連は見られなかった。この保育者の行動とは、子どもにオープンエンドの質問をしたり、文字・シンボル・数字・空間概念の使用、問題解決を奨励するなどである。研究者らは、項目が省略されたBB/PASは本来のPASの有用性に影響を与える可能性があるとし、除外された項目を再導入することを推奨している。

　評価チームは、BB/PASスコアを使用して、どのような意味があるかを探った。BBのレベル1と2にPAS評価は必要ないが、レベル3ではスコア4.00が最低限必要となる。研究者らは、スコアが4.00未満のプログラムでは、保育者は子どもから感じ取ろうとすることが少なく、距離を置きがちであり、社会情動的発達を援助することが少なく、保育室の総合的な環境の質の評価が低いことが明らかになった。

研究＃9

　Arend（2010）は、管理運営に関して施設長が受けたトレーニングの度合いと実際の人的資源管理の質との相関関係を調べた。この調査では、PASの新任研修・職員の専門能力開発、スーパービジョンとパフォーマンス評価、給与、福利厚生、職員配置と時間配分、内部コミュニケーショ

ン、組織の評価、中長期計画より、人的資源に関する9つの項目を使用した。5つの州の965人の施設長がサンプルとなり、自己報告形式で電子的にアンケートに回答する形でデータ収集が行われた。

データ分析の結果、管理運営が最も強かったのがスーパービジョンとパフォーマンス評価であり、弱かったのが中長期計画、福利厚生であった。大部分のスコアは〈最低限〉から〈よい〉の範囲内にあり、中央値が〈よい〉を超えるものはなかった。

調査した9つの分野のうち6つの分野において、管理運営に関して施設長が受けたトレーニングの度合いにより大きな違いが見出された。すべての事後比較において、管理運営に関するコースをより多く受講した施設長の方が、受講数の少ない施設長よりも高いスコアを獲得した。9つの分野の内、6の分野では、統計的に有意な差がみられた（$p < .01$）。

研究 #10

保育室での学びの環境、保育者と子どもの相互関係、組織風土、リーダーシップと管理運営、職員の離職、総合的な専門能力開発及び質向上への積極的な取り組みの結果としての認証状況の差異を識別するために研究が行われた。

シカゴの社会福祉局管轄の9つのセンターが、4年間にわたるこのプロジェクトに参加した。ロヨラ大学の都市研究学習センターがプロジェクトを運営し、現場での保育指導、センターの保育職員や管理職に対するさまざまな専門能力開発支援を行った。データ分析の結果、このプロジェクトに参加したセンターでは保育の質が明らかに向上したことが示された。どのセンターも、2002年と比較して2006年には、より質の高い保育実践（ERSで測定）、より前向きな労働環境（ECWESで測定）、およびリーダーシップと管理運営の改善（PASで測定）を示した。また、保育職員の年間離職率も大幅に減少した（Bloom & Talan, 2006）。

PASに関しては、t検定の結果、10のサブスケールのうち5つで、プロジェクト前後の差が統計的に有意であることが明らかになった（$p < .05$）。PASの25項目のうち20項目で、2002年から2006年の間にPASのスコアに改善が見られた。項目のうち12項目で、変化は統計的に有意であった（$p < .05$）。項目スコアの平均値は2002年の3.63から2006年の4.72に上昇した（$p < .05$）。

とはいえ、これには、9つのセンターでの管理運営の変化の度合いの違いが示されていない。PAS項目スコア平均は、どのセンターでも2002年から2006年の間に上昇したが、そのうち4つのセンターでは、PAS項目スコアの平均値の上昇は33％以上であった。一方、あるセンターでは、67％上昇した。

研究 #11

クオリティ・ニューヨーク（以下、QN）はセンターのNAEYC認証をサポートする団体で、グループ研修を行ったり、個別に現場での保育指導を行ったりしている。評価・政策開発センターはQNの活動の効果検証を行うために、QNの会員となって18か月経過してもなお重大な弱点がある11のセンターからデータを収集した（Stephens, 2009）。センターはECERS-RとPASにより繰り返し評価された。スタート地点のベースラインを示すPAS項目スコアの平均値は2.14〜5.59の範囲にあり、センターには平均するとスコアが2.00以下の項目が7つ以上あった。

調査の結果、現場でコンサルティングを行う個別サポートと、ワークショップやネットワークミーティングによるグループ研修の両方が質の向上に貢献したが、その様相は様々であった。

ECERS-R で測定すると、現場での個別のコンサルティングは、保育室での学びの環境を大きく改善させた。PAS で測定すると、グループ研修がセンターの管理運営の改善と強く関連していた。重回帰分析を用いて分析すると、個別コンサルティングとグループ研修の両方が保育室の質のばらつきの減少と関連していた。

　平均すると、センターの PAS スコアは 6 項目以上で 2 ポイント以上改善された。研究者らは、いくつかの項目の改善と同じくらい重要なのは、施設長自身のリーダーシップの役割に対する理解の変化であると述べた。施設長らは改善すべき管理運営の領域を認識し、より組織的に、より集中的に取り組むようになった。

　最初の PAS スコアを制御し、職員の専門能力開発ワークショップ参加や施設長のミーティング参加の月あたりの時間について重回帰分析を行うと、PAS スコアの変化と高スコアになった PAS 項目数の統計的に有意な予測が可能になり、順に60％と58％と変化の度合いの高いスコアを説明した。

　さらに、保育職員の専門能力開発への参加は、センターの PAS スコアの向上と強く関連していた。この調査では、スーパービジョンと質の向上について施設長がリーダーシップと管理運営上の役割をより深く理解するにつれ、職員の専門能力開発の機会をより多く活用できるようになっていると結論付けている。

研究 #12

　この研究の最終評価レポートは、コロラドの Early Learning Ventures（以下、ELV）と Early Head Start-Child Care（以下、EHS-CC）が連携した、政策公平性委員会による（Etter & Capizzano, 2017）。複合サービスが保育の質に及ぼす影響を総合的な方法論により調査する点で、特に興味深い。ELV は EHS-CC と連携し、州全体の保育施設等ネットワークをサポートする複合サービスを提供している。複合サービスにはデータ管理、子どもの募集、財務管理、施設長のリーダーシップ研修、保育者のコーチングと専門能力開発、家族・地域連携が含まれている。

　この評価は、成果と課題を明文化し、複合サービスが保育の質の向上に与える影響を評価するために実施された。複数の尺度を使用して、スタート時点でのデータが2015年に収集され、約10か月後に追跡データが収集された；ヘッドスタート監理手法、PAS、BAS*、ECJSS*、ECWES（前出「保育労働環境調査」）、CLASS*、SNIS*。

　　【*訳注：BAS = the Business Administration Scale for Family Child Care　家庭的保育運営管理尺度

　　　　ECJSS=the Early Childhood Job Satisfaction Scale　保育者就業満足度尺度

　　　　CLASS=the Classroom Assessment Scoring System　保育室運営測定尺度

　　　　SNIS=the Family Strengths, Needs, and Interests Survey　家族の長所・ニーズ・関心調査】

この比較的短い期間で、管理運営と保育の質に関していくつかの重要な指標が大幅に改善された。

　サンプルは、コロラド州の 4 つの郡より17のセンターに勤務する77人の保育者および管理職で構成されていた。スタートから追跡まで、センターの PAS スコアの平均が大幅に改善され、その効果量は非常に大きかった（$d = 2.07$）。スタート時点では、スコアの平均値は2.46で、〈最低限〉レベルの3.0を下回っていた。追跡時点では、スコアの平均値は3.85で、これは大幅な上昇である（スタート時点テスト $M = 2.46$、追跡時点テスト $M = 3.85$、$t = 9.51$、$p < .001$）。PAS スコアの平均値は、スタート時点では全国サンプル（$M = 3.47$）よりも大幅に低かった。追跡時点で、ギャップを埋め、標準的

なスコアを獲得した。これらの結果は、ELVが介入した最初の年に、センターの管理運営と保育の質が大幅に改善されたことを示唆している。

　個々のPAS項目スコアを見ると、25項目のうち19項目で、スタート時点と追跡時点で次のような大きな変化があった：新任研修（$d=1.71$）、施設管理（$d=1.05$）、内部コミュニケーション（$d=1.11$）、保護者とのコミュニケーション（$d=1.93$）、保護者支援・連携（$d=1.68$）、外部とのコミュニケーション（$d=1.31$）、地域社会との連携（$d=2.03$）、およびテクノロジーの使用（$d=1.33$）。全体として、スタート時点から追跡時点までに、PASのスコアは大幅に改善され、標準以下からの差を克服したといえる。

　改善と程遠かったのは職員の福利厚生と職員の資格の分野であり、これらが大きく改善されるには長期的な介入とより大きな公共投資が必要であることを示唆している。

研究 #13

　この研究（Yaya-Bryson, Scott-Little, Akman & Cassidy, 2020）は、トルコとアメリカのノースカロライナ州で実施された。トルコとノースカロライナ州で半分ずつの合計40のセンターがサンプルとなり、ECERS-Rが保育の質の評価に使用され、PASは管理運営の質を評価するのに使用された。国際的な報告書によると、国が異なれば、幼児教育の質向上には異なる文化的背景、アプローチ、政策があることが示されている。しかし、個別のセンターで収集されたデータを用いての、幼児教育についての国際比較研究はほとんどない。この国際比較研究は、幼児教育施設の管理運営の質に焦点を当てている点において重要である。

　PASでデータを収集する前に、パイロット研究が実施された。トルコではECERS-Rのトレーニングを受けたアセッサーが、PASの翻訳版でのトレーニングを受けた。パイロット研究のために、主任研究者と訓練を受けた3人のアセッサーが、トルコでのPASを管理した。この4人の評価者間信頼性は.98と計算された。ノースカロライナ州では、主任研究者と信頼性のあるPASアセッサーがパイロット研究で評価を実施した。こちらの評価者間信頼性は.92と計算された。

　管理運営の質に関するPAS全体スコアについては、トルコ（$M=3.5$、$SD=.94$）とノースカロライナ州（$M=3.3$、$SD=.95$）の間のt検定の比較は有意ではなかった（$t=.467$、$p=.643$）。トルコとノースカロライナでPASサブスケールの平均スコアは、低から中程度の範囲内に収まった（1は〈不適切〉、7は〈とてもよい〉）。どのPASサブスケールにおいても、両国間に大きな違いはなかった。

　研究の更なる目的は、保育室での環境の質と管理運営の質と全体的な評価の関連性を調査することであった。ピアソン相関を使用して、各システムの全体的なECERS-Rスコアと全体的なPASスコアの間の相関関係の強さを評価した。トルコでは、ECERS-RとPASの全体スコアの間には.73、$p=.000$という有意な相関関係があった。ノースカロライナ州では、ECERS-RとPASの全体スコアの間にも.69、$p=.001$という有意な相関関係があった。これらの相関関係は、それぞれの保育の質向上システムにおいて、保育室での環境の質が管理運営の質と強く関連していることを示している。

　この研究の結果は、国は異なっても保育の質向上システムにおいて、保育室での環境の質だけでなく運営管理を評価することが重要である可能性があることを示唆している。まずはセンターの管理運営の基準を定め、保育の質評価システムにPASのような尺度を盛り込むべきである。

研究 #14

　リーダーシップ開発講座「Taking Charge of Change™」(以下、TCC) は開講20年を機に、トレーニング受講が施設長の有能感と実際の保育の質にどのように影響を与えているかを確認する調査を実施した。研究者 (Talan, Bloom & Kelton, 2014) は502人の講座修了生の現在の仕事の状況、キャリアの決定、職業上の業績も調査した。

　20期にわたり TCC を修了した施設長の事前および事後データには、知識とスキルのレベルを測定する TNAS【訳注:the Training Needs Assessment Survey　トレーニングニーズ評価調査】、本質的リーダーシップと管理運営の質を測定する PAS、保育者の労働環境を評価する ECWES が含まれていた。加えて、TCC 修了生に対し、現在の仕事の状況・リーダーとしての歩み・専門的な業績についてのアンケートが実施された。

　保育施設の管理運営の質を測定・改善するために2004年に発行された PAS 初版から、25項目のうち5項目が使用された。5つの項目は18の指標ストランドから構成され、TCC のカリキュラムに関連している (例:項目1　新任研修、項目2　スーパービジョンとパフォーマンス評価、項目3　職員の専門能力開発、項目9　内部コミュニケーション、項目16　保護者とのコミュニケーション)。PAS によるトレーニング前後の評価は、2007年第15期の TCC 受講生から始まった。評価は、TCC に関与していない信頼性のある PAS アセッサーが、施設の簡単な見学・施設長へのインタビュー・文書の閲覧により評価を行った。74のセンターが、本研究の PAS データ分析の対象となった。

　データ分析の結果、TCC トレーニングの前後で PAS の5項目すべてのスコアが上昇したことが明らかになった。統計的に有意な差が3つの項目で見られた。スタッフの指向性 (事前テスト $M=$ 2.81、事後テスト $M=3.75$、$t=2.57$、$p<.05$)、スタッフの専門能力開発 (事前テスト $M=3.32$、事後テスト $M=4.21$、$t=2.54$、$p<.01$)、保護者とのコミュニケーション (事前テスト $M=2.81$、事後テスト $M=$ 4.07、$t=3.47$、$p<.001$)。PAS スコアの平均値を全国のセンターの平均と比較すると、TCC 受講生のスコアは、トレーニング開始時点で全国平均値よりも低かった。トレーニングの修了までに、5項目のうち4項目で、スコアが全国平均値を上回った。

　まとめると、この研究により、TCC 講座の受講と施設長個人およびセンターにおける前向きな成果とは関連しており、センター施設長の効果的なリーダーシップ開発は体系的・集中的・現場に沿ったものであるべきことを示している。

研究 #15

　保育メンタリングペア (The Mentoring Pairs for Child Care、以下、MPCC) は、カナダのオンタリオ州全体の保育の質を向上させる方略の一環として、オンタリオ州政府によって資金提供された施設長研修プログラムである。研究 #15には3つの研究課題があり、うち1つは、MPCC 修了生の管理運営が改善されるかどうかを判断することであった。

　MPCC プログラムの設計は、2つの既存の取り組みに基づいて行われた。1つはマコーミック保育リーダーシップセンターによる TCC リーダーシップ開発モデル、もう1つは経験豊富な施設長が新人施設長を指導し実地テストを行ったメンタリング実践モデルである。MPCC のカリキュラムの特徴は、センター施設長の職務基準を使用し、同僚間のメンタリングを強調していることである。

　サンプルとして、オンタリオ州全28地域から403人の施設長または副施設長が抽出された (Doherty, Ferguson, Ressler & Lomotey, 2015)。そのうち340名が1年間のプログラムを完了し、減少

率は15.6％ であった。施設長経験5年未満の参加者は、所属地域の経験豊富な施設長とマッチングされた。サブサンプルとして、センターの質が事前・事後でどう変化したかを調べるために、28地域からセンターが抽出され、最終的に57のセンターのデータが収集されたが、これはサンプル全体の14％を占めた。

　10名の信頼性のあるアセッサーによってECERS-RとPASのデータが収集された。その結果、PAS全体スコア（事前テストM＝2.8、事後テストM＝3.3、t＝4.31、p＜.001）および評価対象の9つのサブスケールのうち7つで、MPCC後のスコアが有意に高いことがわかった。なお、アメリカの高等教育用語をカナダで適用するのは難しいため、職員の資格についてのサブスケールは使われなかった。PAS全体スコアの効果量はd＝.57、p＜.001であり、MPCCが管理運営に中程度の影響を与えたことを示している。MPCC修了後2か月以内に事後データが収集されており、そのことから施設長の管理運営に与えるMPCCトレーニングモデルの影響は顕著であったことがわかる。

　最も重要なPASスコアの変化は、施設長に権限のあるサブスケールで実証された：人的資源（事前テストM＝2.4、事後テストM＝3.1、t＝4.07、p＜.001）、マーケティングと広報（事前テストM＝3.2、事後テストM＝4.1、t＝4.96、p＜.01）、およびテクノロジー（事前テストM＝4.1、事後テストM＝4.5、t＝2.81、p＜.01）。追加の承認や資金を必要とする管理分野、子どものアセスメント、人件費と割り当てで構成されるサブスケールでは、スコアの変化は顕著ではなかった。最後に、管理運営の質とECERS-Rによって測定された保育の質の間に有意な正の相関関係（r＝.48、p＜.01）があることがわかった。

研究 #16

　ヘッドスタート指定更新システム（＝Head Start Designation Renewal System, DRS）は、ヘッドスタート助成金受領者が質の高い保育を行っているかどうかの判断、また保育の質が低いことがわかり競争的資金が助成される際の判断の説明責任を果たすことを目的として、2011年に創設された。2016年に、初期DRSの研究結果が発表された。Urban InstituteとFrank Porter Graham Child Development Instituteの研究者が、行政データと二次データ、観察による測定、および総合的な質についてのインタビューを統合した混合手法によりDRSを評価した（Derrick-Mills et al., 2016）。

　無作為階層別抽出により、71の助成対象センター（35が競争的資金に指定、36が非指定）のサンプルが集められた。うち40％にヘッドスタートのパフォーマンス基準未達成があり、69％にCLASSの低スコアがあった。71のセンターには、合計554の未就学児クラスがあった。

　リサーチクエスチョンの一つは、DRSが保育の質の高低を区別しているかどうかであった。

　この設問に答えるために、指定の99％以上を占める2つのDRS条件（パフォーマンス基準未達成とCLASSスコアの低さ）が検討され、助成対象者の質評価の平均差が分析された。PASは、次の分野におけるセンターの質の構造を評価するために使用された：家族と地域社会への関与、児童発達と教育、管理運営・ガバナンス、財政の健全性と脆弱性、保育室での質。

　保育室とセンター全体の質については、競争的資金が交付（指定）されたところとされていない（非指定）ところは大きく変わらなかったが、センター全体の運営の質は、前者が後者を著しく下回った。基準未達成として指定された助成対象者においては、PASのサブスケールの職員の資格、人件費と割り当て、財務管理は、非指定の助成対象者よりも著しく低く評価された。ただし、PASデータの分析には、欠損データを補うために代入が複数行われたことに注意を要する。

まとめ

　これら16件の研究の結果の概要は次のことを示している。PASは、保育室での学びの環境および保育者と子どもの相互作用に焦点を当てた評価とは異なる観点から保育の質にアプローチする、信頼できる有効な手段なのである。複数の尺度を使用することで、保育の質について、より総合的で洗練された全体像が得られるという合意が見られる。PASは、組織力を向上させ、職員・保護者・子どもに利益をもたらすように、改善が必要な領域を特定し、施設長が徐々に組織を変えていくにあたり特に有効である。

【文　献】

Abel, M., Talan, T., & Masterson, M.（2017）. Whole leadership: A framework for early childhood programs. *Exchange 39*（233）: 22-25.

Arend, L.（2010, October）. *Filling the void: A call for educational administration preparation specific to early childhood leaders*. Paper presented at the Annual Conference of the University Council for Educational Administration, New Orleans, LA.

Arnett, J.（1989）. Caregivers in day care centers: Does training matter? *Journal of Applied Developmental Psychology, 10*（4）, 541-552.

Aubrey, C., Godfrey, R., & Harris, A.（2012）. How do they manage? An investigation of early childhood leadership. *Educational Management Administration & Leadership, 41*（1）, 5-29.

Barnett, W. S.（2003a, March）. *Better teachers, better preschools: Student achievement linked to teacher qualifications*（Issue 2）. National Institute for Early Education Research.

Barnett, W. S.（2003b, May）. *Low wages = low quality: Solving the real preschool teacher crisis*（Issue 3）. National Institute for Early Education Research.

Bassok, D., Bellows, L., Markowitz, A. J., & Sadowski, K. C.（2021）. New evidence on teacher turnover in early childhood. *Educational Evaluation and Policy Analysis, 43*（1）, 172-180.

Bella, J.（2008, July/August）. Improving leadership and management practices: One step at a time. *Exchange*, 6-10.

Bella, J., & Bloom, P. J.（2003）. *Zoom: The impact of early childhood leadership training on role perceptions, job performance, and career decisions*. McCormick Center for Early Childhood Leadership, National Louis University.

Bertachi, J.（1996, October/November）. Relationship-based organizations. *Zero to Three Bulletin, 17*（2）, 2-7.

Bloom, P. J.（1996）. The quality of work life in NAEYC accredited and non-accredited early childhood programs. *Early Education and Development, 7*（4）, 301-317.

Bloom, P. J.（2004）. Leadership as a way of thinking. *Zero to Three, 25*（2）, 21-26.

Bloom, P. J.（2011）. *Circle of influence: Implementing shared decision making and participative management*（2nd ed.）. Lake Forest, IL: New Horizons.

Bloom, P. J.（2016）. *Measuring work attitudes in the early childhood setting: Technical manual for the Early Childhood Job Satisfaction Survey and the Early Childhood Work Environment Survey*（3rd ed.）. McCormick Center for Early Childhood Leadership, National Louis University.

Bloom, P. J., & Abel, M.（2015）. Expanding the lens-Leadership as an organizational asset. *Young Children, 70*（2）, 8-13.

Bloom, P. J., Hentschel, A., & Bella, J.（2013）. *Inspiring peak performance: Competence, commitment, and collaboration*. New Horizons.

Bloom, P. J., & Talan, T. N.（2006, October）. *Changes in program quality associated with participation in a professional development initiative*. McCormick Center for Early Childhood Leadership, National Louis University.

Caven, M., Khanani, M., Zhang, X., & Parker, C. E.（2021）. *Center- and program-level factors associated with turnover in the early childhood education workforce*（REL 2021-069）. U.S. Department of Education, Institute of Education Sciences, National Center for Education Evaluation and Regional Assistance, Regional Educational Laboratory Northeast & Islands.

Center for the Study of Child Care Employment & American Federation of Teachers Educational Foundation.（2019）. *Model work standards for teaching staff in center- based child care*. Center for the Study of Child Care Employment, University of California, Berkeley. American Federation of Teachers Educational Foundation.

Cochran, M.（2007）. Caregiver and teacher compensation. *Zero to Three, 28*（1）, 42-47.

Cornille, T., Mullis, R., Mullis, A., & Shriner, M.（2006）. An examination of child care teachers in for-profit and nonprofit child care centers. *Early Child Development and Care, 176*（6）, 631-641.

Cost, Quality, and Child Outcomes Study Team.（1995）. *Cost, quality, and child outcomes in child care centers*.

Department of Economics, University of Colorado at Denver.

Culkin, M. L. (2000). *Managing quality in young children's programs: The leader's role*. Teachers College Press.

Dennis, S., & O'Connor, E. (2013). Reexamining quality in early childhood education: Exploring the relationship between the organizational climate and the classroom. *Journal of Research in Childhood Education 27* (1), 74-92.

Derrick-Mills, T. Burchinal, M., Peters, H. E., De Marco, A., Forestieri, N., Fyffe, S., Hanson, D., Heller, C., Pratt, E., Sandstrom, H., Triplett, T., & Woods, T. (2016). *Early Implementation of the Head Start Designation Renewal System: Volume I*. OPRE Report #: 2016-75a. Office of Planning, Research and Evaluation, Administration for The Children and Families, U.S. Department of Health and Human Services.

Division for Early Childhood. (2014). *DEC recommended practices in early intervention/early childhood special education 2014*. http://www.dec-sped.org/ recommendedpractices

Doherty, G., Ferguson, T. M., Ressler, G., & Lomotey, J. (2015). Enhancing child care quality by director training and collegial mentoring. *Early Childhood Research and Practice 17* (1), 1 -11.

Douglass, A. (2017). *Leading for change in early care and education: Cultivating leadership from within*. Teachers College Press.

Douglass, A. (2018). Redefining leadership: Lessons from an early education leadership development initiative. *Early Childhood Education Journal, 46*, 387-396.

Etter, K., & Capizzano, J. (2016, June). *Early Learning Ventures Early Head Start-Child Care Partnership Model*. Washington, DC: Policy Equity Group.

Gittell, J. (2016). *Transforming relationships for high performance: The power of relational coordination*. Stanford, CA: Stanford University Press.

Halle, T., Vick Whittaker, J. E., & Anderson, R. (2010). *Quality in early childhood care and education settings: A compendium of measures* (2 nd ed.). Child Trends.

Harms, T., Clifford, R., & Cryer, D. (2005). *Early Childhood Environment Rating Scale-Revised*. Teachers College Press.

Herzenberg, S., Price, M., & Bradley, D. (2005). *Losing ground in early childhood education: Declining workforce qualifications in an expanding industry, 1979–2004*. Keystone Research Center.

Hewett, B., & La Paro, K. M. (2020). Organizational climate: Collegiality and supervisor support in early childhood education programs. *Early Childhood Education Journal, 48*, 415-427.

High/Scope Educational Research Foundation. (2019). *Preschool Program Quality Assessment-Revised*. https://highscope.org/wp-content/uploads/2019/08/PQA-R-Manual-8.28.19.pdf

Hujala, E., Eskelinen, M., Keskinen, S., Chen, C., Inoue, C., Matsumoto, M., & Kawase, M. (2016). Leadership tasks in early childhood education in Finland, Japan, and Singapore. *Journal of Research in Childhood Education 30* (3), 406-421.

Institute of Medicine & National Research Council. (2015). *Transforming the workforce for children birth through age 8 : A unifying foundation*. National Academies Press.

Kagan, S. L., & Bowman, B. (Eds.). (1997). *Leadership in early care and education*. National Association for the Education of Young Children.

Kagan, S. L., Brooks-Gunn, J., Westheimer, M., Tarrant, K., Cortazar, A., Johnson, A., Philipsen, N., & Pressman, A. (2008). *New York City early care and education unified performance measurement system: A pilot study*. National Center for Children and Families.

Kagan, S. L., Kauerz, K., & Tarrant, K. (2008). *The early care and education teaching workforce at the fulcrum: An agenda for reform*. Teachers College Press.

Kangas, J., Venninen, T., & Ojala, M. (2015). Distributed leadership as administrative practice in Finnish early childhood education and care. *Educational Management, Administration & Leadership, 44* (4), 617-631.

King, E. K., Johnson, A., Cassidy, D., Wang, Y., Lower, J., & Kintner-Duffy, V. (2015, October). Preschool teachers' financial well-being and work time supports: Associations with children's emotional expressions and behaviors in classrooms. *Early Childhood Education Journal, 44* (6), 545-553.

Kirby, G., Douglass, A., Lyskawa, J., Jones, C., & Malone, L. (2021). *Understanding leadership in early care and education: A literature review*. OPRE Report 2021-02. Office of Planning, Research, and Evaluation, Administration for Children and Families, U.S. Department of Health and Human Services.

Lower, J. K., & Cassidy, D. J. (2007, Winter). Child care work environments: The relationship with learning environments. *Journal of Research in Childhood Education, 22*（2）, 189–204.

McCormick Center for Early Childhood Leadership. (2007, Spring). Program characteristics associated with utilization of early childhood professional development funding. *Research Notes*. National Louis University.

McCormick Center for Early Childhood Leadership. (2010a). Connecting the dots: Director qualifications, instructional leadership practices, and learning environments in early childhood programs. *Research Notes*. National Louis University.

McCormick Center for Early Childhood Leadership. (2010b). Head Start administrative practices, director qualifications, and links to classroom quality. *Research Notes*. National Louis University.

McCormick Center for Early Childhood Leadership. (2021, Summer). A window on early childhood administrative practices: 2010–2021. *Research Notes*. National Louis University.

McKelvey, L., Chapin-Critz, M., Johnson, B., Bokony, P., Conners- Burrow, N., & Whiteside-Mansell, L. (2010). *Better Beginnings: Evaluating Arkansas' path to better child outcomes*. Partners for Inclusive Communities.

Means, K. M. & Pepper, A. (2010). *Best practices of accreditation facilitation projects: A framework for program improvement using NAEYC early childhood program standards and accreditation criteria*. National Association for the Education of Young Children.

Mietlicki, C. (2010, October). *Tennessee Early Childhood Program Administrator Credential: Year two evaluation report*. Tennessee Early Childhood Training Alliance, Tennessee State University.

Miller, J. A., & Bogatova, T. (2007). *Early care and education workforce development initiatives: Program design, implementation, and outcomes*. KeyStone Research Corporation.

Minkos, M., Sassu, K., Gregory, J., Patwa, S. S., Theodore, L., & Femc-Bagwell, M. (2017). Culturally responsive practice and the role of school administrators. *Psychology in the Schools 54* (10), 1260–1266.

National Association for the Education of Young Children. (2019a). *NAEYC early learning program accreditation standards and assessment items*. https://www.naeyc.org/sites/default /files/globally-shared/ downloads/PDFs/accreditation/early -learning/standards_assessment_2019.pdf

National Association for the Education of Young Children. (2019b). *Professional standards and competencies for early childhood educators*. https://www.naeyc.org/resources /position-statements/professional-standards-competencies

National Association for the Education of Young Children. (2022). *Developmentally appropriate practice in early childhood programs serving children from birth through age 8*（4 th ed.）. National Association for the Education of Young Children.

Phillips, D., Mekos, D., Scarr, S., McCartney, K., & Abbott- Shim, M. (2000). Within and beyond the classroom door: Assessing quality in child care centers. *Early Childhood Research Quarterly, 15*（4）, 475–496.

Rohacek, M., Adams, G., & Kisker, E. (2010). *Understanding quality in context: Child care centers, communities, markets, and public policy*. Urban Institute.

Rous, B., Grove, J., Cox, M., Townley, K., & Crumpton, G. (2008). *The impact of the Kentucky professional development framework on child care, Head Start, and preschool classroom quality and child outcomes*. Human Development Institute, University of Kentucky.

Sabol, T. J., Sommer, T. E., Sanchez, A., & Busby, A. K. (2018). A new approach to defining and measuring family engagement in early childhood education programs. *AERA Open*. July 2018. doi: 10.1177/2332858418785904

Stephens, SA. (2009, August). *Quality New York: Assessment of its contributions to program improvement in early care and education programs in New York City*. Center for Assessment and Policy Development. https://static 1 .squarespace.com/static/536ce727e 4 b 0 a03c478b38e 4 /t/557738b 2 e 4 b 0 a44e 2 a 8 ea545/1433876658414/Quality+New+York+Assessment+of+Its+Contributions+to+Program+Improveme nt+in+Early+Care+and+Education +Programs+in+New+York+City.pdf

Talan, T. N. (2007). *Roots and wings: Portrait of an early childhood learning organization*（Doctoral dissertation). National Louis University.

Talan, T. N. (2010, May/June). Distributive leadership: Something new or something borrowed? *Exchange*. http://www.childcareexchange.com/article/distributed-leadership -something-new-or-something-borrowed/5019308/

Talan, T. N., Bloom, P. J., & Kelton, R. (2014). Building the leadership capacity of early childhood directors: An evaluation of a leadership development model. *Early Childhood Research and Practice 16* (1 and 2), 3-8.

Torquati, J.C., Raikes, H., & Huddleston-Casas, C. A. (2007). Teacher education, motivation, compensation, workplace support, and links to quality of center-based child care and teachers' intention to stay in the early childhood profession. *Early Childhood Research Quarterly, 22* (2), 261-275.

Vu, J., Jeon, H., & Howes, C. (2008). Formal education, credential, or both: Early childhood program classroom practices. *Early Education and Development, 19* (3), 479-504.

Whalen, S.P., Horsley, H. L., Parkinson, K. K., & Pacchiano, D. (2016). A development evaluation study of a professional development initiative to strengthen organizational conditions in early education settings. *Journal of Applied Research on Children: Informing Policy for Children at Risk, 7* (2).

Whitebook, M., McLean, C., & Austin, L. (2016). *Early childhood workforce index*. Institute for Research on Labor and Employment, University of California, Berkeley.

Whitebook, M., Phillips, D., & Howes, C. (2014). *Worthy work, STILL unlivable wages: The early childhood workforce 25 years after the National Child Care Staffing Study*. Center for the Study of Child Care Employment, University of California, Berkeley.

Whitebook, M., Ryan, S., Kipnis, F., & Sakai, L. (2008, February). *Partnering for preschool: A study of center directors in New Jersey's mixed-delivery Abbott Program*. Center for the Study of Child Care Employment, Institute for Research on Labor and Employment, University of California at Berkeley.

Yaya-Bryson, D., Scott-Little, C., Akman, B., & Cassidy, D. (2020). A comparison of early childhood classroom environments and program administrative quality in Turkey and North Carolina. *International Journal of Early Childhood, 52*, 233-248.

Zeng, S., Douglass, A., Lee, Y., & DelVecchio, B. (2020). Preliminary efficacy and feasibility of a business leadership training program for small child care providers. *Early Childhood Education Journal, 49*, 27-36.

Zinsser, K., Denham, S., Curby, T., & Chazan-Cohen, R. (2016). Early childhood directors as socializers of emotional climate. *Learning Environment Research 19* (2), 267-290.

あ と が き

　保育の質向上には、保育者が自己の資質向上及び専門性の向上に努めなければなりません。しかし、気をつけなければならないのは、保育者個人の努力に任せ放任し、できない場合は「怠けている」と否定的な評価をすることです。働きやすい職場環境づくりや人材育成の仕組みの確立など、施設長がリーダーシップを発揮し、保育者の成長を支えていくような組織の管理運営に取り組むことが求められるのです。

　本書の関連研究で紹介されている研究結果では、「PASによって測定された管理運営の質は、子どもが保育室で受ける保育の質に大きな影響を与える」ことが示唆されています。管理運営の質は、施設長のリーダーシップによって左右されます。しかし、日々手探りでリーダーシップを発揮し、改善できているという実感が得られていないリーダーも多いのではないでしょうか。その理由の一つは、適切な評価ができないことにあります。評価ができないため、改善することができないのです。
　改善するというのは、自分の現在地を把握し、目的地を目指して一歩ずつ確実に歩みを進めていく作業です。しかし、リーダーシップを評価する術がないと現在地を正確に捉えることができず、目指すべき目的地もわからず道に迷ってしまうのです。PASは、リーダーシップを身につけるための地図のようなものです。地図を確認することで、私たちは「これまでどこを歩いてきたのか」、「今自分がどこにいるのか」について認識することができます。そして、「これからどこへ向かえば良いのか」についての示唆を得ることができます。

　また、リーダーシップは、人を対象とするため、保育と同様に唯一無二の正解はありません。リーダーシップとは、「メンバーにとってどうか」というメンバーの立場に立った実践が求められます。リーダーは自己評価だけではなく、他者からリーダーシップについて評価してもらう必要があります。そのため、リーダーの成長には賢明なフォロワーが必要だと言われます。賢明なフォロワーとは盲目的にリーダーに従うのではなく、リーダーに対して率直な評価や指摘ができる組織のメンバーのことです。しかし、リーダーは自分が思っている以上に、メンバーにとっては権威を感じる存在です。そのため、メンバーからの率直なフィードバックをもらうことが難しくなり、独りよがりで偏ったリーダーシップになる可能性が高まります。PASでは、採用手続きから人材育成、財政管理、施設管理、中長期計画、保護者・地域との連携、職員との関係構築など、自己のリーダーシップを多面的に評価することができます。PASを用いることで、リーダーシップを評価し改善を行うことができ、より適切なリーダーシップを発揮することができる可能性があります。

　リーダーシップは、一朝一夕で身につくものではありません。そのため、継続的な評価と改善が求められます。ぜひPASを活用し、組織力を向上させ、子どもと保護者、そして組織のメンバーである保育者にとっての最善の組織のあり方を目指して、リーダーシップ向上に取り組んでください。

　　2023年11月　　　　　大阪総合保育大学総合保育研究所
　　　　　　　　　　　　保育環境評価スケール研究会メンバー　　鈴 木 健 史（東京立正短期大学）

●訳者紹介

埋 橋 玲 子（うずはし　れいこ）［監訳、翻訳：サブスケール４、９担当］
大阪総合保育大学大学院特任教授、博士（学術）、ECERS-J 主宰。主な訳書に『新・保育環境評価スケール①３歳以上』（2016）、『新・保育環境評価スケール②０・１・２歳』（2017）、『保育コーチング─ECERS を使って─』（監訳、2020）、主な著書『チャイルドケア・チャレンジ─イギリスからの教訓』（2007）、いずれも法律文化社より出版。公開保育によるスケール評価実習の講師、調査のための評価スケールアセッサー養成トレーナー。
連絡先 r-uzuhashi@jonan.ac.jp

鈴 木 健 史（すずき　けんじ）［翻訳：サブスケール１、６、８担当］
東京立正短期大学現代コミュニケーション学科幼児教育専攻准教授。保育ファシリテーション実践研究会主宰。主な著書に、「園内研修と会議が劇的に変わる保育ファシリテーション」（フレーベル館、2023）、「現場でよくある悩みを解消　保育リーダーのための職員が育つチームづくり」（中央法規出版、2023）、「マネジメント（MINERVA 保育士等キャリアアップ研修テキスト ７）」（編著、ミネルヴァ書房、2020）。

岩 渕 善 美（いわぶち　よしみ）［翻訳．付記担当］
平安女学院大学教授、博士（エネルギー科学）、専門は科学教育、環境教育。著書に、『環境（実践　保育内容シリーズ３）』（共著、一藝社、2018）など。科学遊び、理科実験教室などに携わる。

亀 山 秀 郎（かめやま　ひでお）［翻訳：サブスケール２、５担当］
学校法人七松学園認定こども園七松幼稚園理事長・園長。『保育所・幼稚園・幼保連携型認定こども園実習』（編著、ミネルヴァ書房、2018）、『保育に活かす SDGs/ESD』（共著、かもがわ出版、2023）。OECD の Starting Strong Ⅶ : Empowering Young Children in the Digital Age において OECD 幼児教育・保育ネットワークメンバーとして協力。

岡 部 祐 輝（おかべ　ゆうき）［翻訳：サブスケール３、７担当］
幼稚園型認定こども園高槻双葉幼稚園教頭。京都府公立小学校勤務を経て現職。（一社）大阪府私立幼稚園連盟教育研究所所長、保育者養成校にて非常勤講師を務める（2023年現在）。著書は『子どもと保育者でつくる育ちの記録─あそびの中の育ちを可視化する─』（分担執筆、日本標準、2020）など。幼小接続および連携、保育における環境構成、子どもの自己制御機能の育ち等に関心を持つ。

髙 根 栄 美（たかね　えみ）［翻訳：謝辞～使用の手引き担当］
大阪総合保育大学准教授。著書に、『保育の計画と評価』（共著、ミネルヴァ書房、2021）、『失敗から学ぶ保護者とのコミュニケーション 保育わかば BOOKS』（共著、中央法規出版、2018）、『保育原理─はじめて保育の扉をひらくあなたへ─』（共著、みらい、2019）等。保育者養成および保育者研修・園内研修の講師として保育実践に関わる。

●大阪総合保育大学総合保育研究所〈保育環境評価スケールプロジェクト〉メンバー（訳者以外・2023年現在）
伊 藤 達 哉　大阪総合保育大学大学院前期博士課程所属　大阪健康福祉短期大学特任講師
高 松 奈 未　大阪総合保育大学大学院前期博士課程所属　ひだまり保育園園長
長 﨑 元 気　大阪総合保育大学大学院前期博士課程所属　学校法人山添学園　幼保連携型認定こども園みゆき西こども園園長
幸 元　　裕　大阪総合保育大学大学院前期博士課程所属　みゆきっこつばめ保育園・みゆきっこそら保育園統括施設長
山 田 千 枝 子　学校法人山添学園　幼保連携型認定こども園　御幸幼稚園・さくらんぼ保育園統括園長

Horitsu Bunka Sha

保育リーダーシップ評価スケール PAS
── よりよい園運営のために

2024年3月31日　初版第1刷発行

著　者	テリ N. タラン ジル M. ベラ ポーラ・ジョルデ・ブルーム
監訳者	埋橋玲子
訳　者	鈴木健史・岩渕善美・亀山秀郎 岡部祐輝・髙根栄美
発行者	畑　　光
発行所	株式会社 法律文化社

〒603-8053
京都市北区上賀茂岩ヶ垣内町71
電話 075(791)7131　FAX 075(721)8400
https://www.hou-bun.com/

印刷／製本：西濃印刷㈱
装幀：白沢　正

ISBN 978-4-589-04327-6

©2024 R. Uzuhashi, K. Suzuki, Y. Iwabuchi,
H. Kameyama, Y. Okabe, E. Takane Printed in Japan

PAS®および Program Administration Scale®はコロンビア大学
ティーチャーズカレッジの登録商標です。

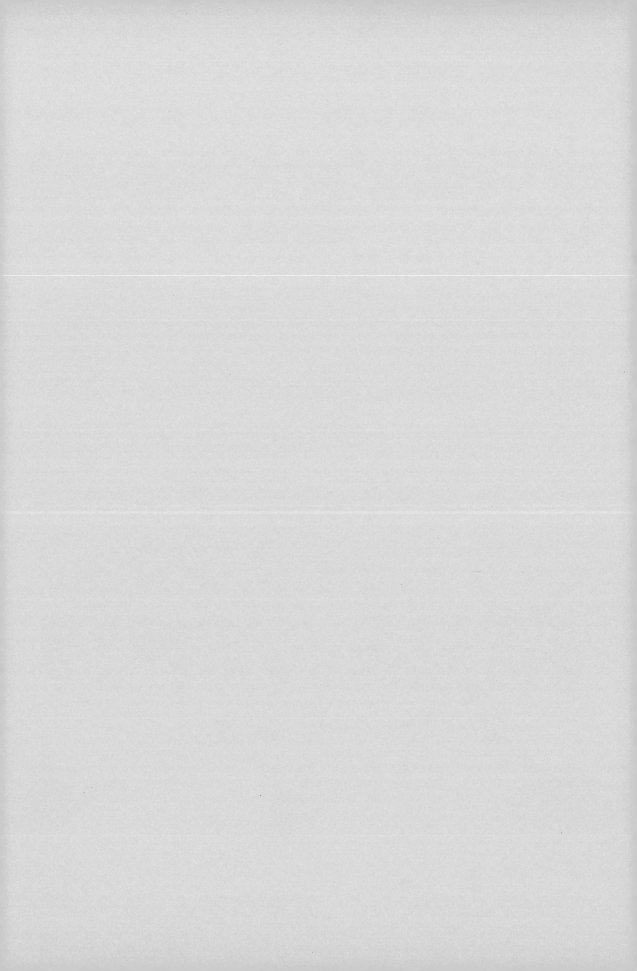